JN012930

日本テレビ
「news every.」
前統括プロデューサー
大野伸

情報洪水時代の歩き方

メディアを賢く
消費する
「情報リテラシー」

同文舘出版

はじめに

21世紀を人はどう想像していただろうか。リニアモーターカーが超高速で市民を運び、電気自動車が空や陸を走る。世界をあっという間に移動できる輸送手段が登場し、人々は宇宙にも飛び出していく。日照時間や水量は管理され、害虫にも悩まされずにおいしい作物が工場で育っていく。

これらは21世紀を迎えた今、着実に現実に近付いている。一方でこの21世紀において、世界中の人々が新型コロナウイルスという正体がわからない疫病と戦うことになり、そしてロシアという世界の大国がウクライナのような小国をアナログに戦車で攻撃し、20世紀の映像を観ているかのような民間人への蛮行、略奪を行なう戦争が繰り広げられる事態を迎えていると誰が想像しただろうか。

２０２２年７月には、安倍晋三元首相が選挙応援演説の最中に手製の銃で撃たれて死亡するという事件も起きた。ＡＩや監視カメラなどの様々なテクノロジーが進化する中でも、結局は一人の男の狂気を止めることはできなかったのだ。先進国の中でも治安がよいとされる日本で、元首相が殺害されるということを、やはり誰が予想しただろうか。

このように、**どんな教科書にも答えが書かれていないことが立て続いている**。第二次世界大戦の教訓から世界中の政治学者が英知を集めて、どのように戦争を止めるか議論を重ねてきたが、今回のウクライナの戦争で各国の指導者たちは解決策を見出せていない。

こんな未曾有の時代に、筆者は日本テレビの夕方のニュース番組「news every.」の統括プロデューサーをコロナ前の2018年12月からコロナ禍を経て、アフターコロナを見据えた状況に入る2022年5月末までの3年半にわたって務めた。ありがたいことに番組は視聴者から大きな支持を集めることができた。

しかし、生半可な戦いではなかったことは事実だ。日々、専門家でも正解がわからない新型コロナウイルスを巡る事象をリアルタイムで取り上げ、視聴者の期待に応えなければならない。さらには制作の過程においても、スタッフを新型コロナウイルスに感染させてしまうことも、逆にスタッフが感染を広めることも防ぎながら、放送体制を維持することを考えなければならなかった。クラスターが起こり、放送が維持できなくなることは現実の恐怖として今も続いている。

それもコロナ禍で視聴者に誤った情報を提供してしまうことがないように細心の注意を払う必要がある中での恐怖なのだ。新型コロナウイルスもウクライナも、フェイク情報、フェイク映像が溢れているだけに、気を抜けば即座に誤報につながり番組は視聴者の信頼を失う。

さらにウクライナの戦争では、これらの偽情報は権力側から意図的にリークされ、戦局に影響を与えようとする狙いすらある。いつも以上に神経質に疑わなければならない状況が続いている。

新型コロナウイルスという敵と戦うにあたって、放送という〝3密〟が当然だったアナログな世界にリモート取材や在宅勤務といった、スタッフに慣れない新しい負荷と不便を感じさせる手法も取り入れながら運行をしてきた。

しかしこれは〝放送〟というこれまで日本テレビで70年近く続いた制作の常識を変えるチャンスでもあった。世の中ではすでにデジタル化が進み、タブレット端末やスマホを日常的に使わずには生活できない時代となっていた。かつてマスメディアの特権だった情報発信が、現在では「1億総メディア」と言われるように、SNSを通じて一般の人々の投稿文や動画が、世界に瞬く間に拡散されるなど、プロの速報よりも速く拡散されることがあるほど大きな影響力も持つようになった。

メディア側もこうした変化に対応する必要が出てきた。ネットへの対応を行なう必要がコロナ禍を通じて急速に高まり、これまでとは異なるネット社会への取材のやり方も生まれた。同時に、SNSではフェイクニュースや炎上ももはや珍しいことではなく、「私刑」とも言われるような厳しい社会的な制裁を受けてしまうこともある。

このように情報を取り巻く環境が大きく変化する中で、筆者は情報を扱い発信するプロとして、溢れる情報の中から有益な情報を見つけ、きちんと消化して発信をすることは〝現代社会を生きることを豊かにする〟と感じてきた。

生きるためのエネルギーにつながるのが情報であり、賢くニュースを読み解いていけば、これほ

ど有益なものはないと強く感じている。新聞もテレビも、決して「オワコン」ではなく、むしろネット世代の若い人にこそ接してもらいたいと強く思っている。

筆者はこれまで、不確実性の高い時代に、若い人たちが力強く生き抜く術につながることを伝えたいと考え、予備校でのレギュラー講座、大学での講義、企業の勉強会などで多数の講演をしてきた。この中で「情報リテラシー」教育が、学校でも企業でも試行錯誤の状況にあることがわかった。この問題は各論を伝える専門家はいても、メディアなどの情報源の特性を知り、情報を選択し、整理消化し、さらに発信へとつなげるような体系的実践的な説明をできる実務家がいないのが現状だと考えている。

特に情報を正しく発信することはグローバル化だからこその急務であり、大学入試でも問われる能力になっている。どんな企業や団体も、世界に誤解なく伝えるスキルが欠かせない時代。この社会の要請こそが、高校生から企業広報の担当者、さらには経営者まで含めて筆者の講義への支持が高い理由になっている。**情報の最前線にいる実務家として、情報と賢く接するための知見を具体的な事例や概念図を用いながら伝えたい。**

筆者のテレビ局員、大学の研究員、はたまたプライベートでの経験の中で情報と向き合ってきた知見と事例が、読者の皆様の人生に少しでもプラスになれば、これほどうれしいことはない。

はじめに

1章

情報洪水時代を生きる私たち

2章

情報洪水時代を生きるメディア

3章

フェイクニュースとの戦い

4章

情報リテラシーを高める

5章

情報を活用し豊かに生きるために

カバー・本文デザイン　ホリウチミホ（nixinc）

1章

情報洪水時代を生きる私たち

1

コロナ禍の報道で感じた「有事の情報欲」と「news every.」

2020年正月、筆者は台湾の総統選挙に向けた情報収集のため、関係者と台北で過ごしていた。ホテルの朝食会場で読んだ現地紙は「原因不明の武漢肺炎」と一面で報じていた。かなり大きな紙面を割いて武漢の様子を伝え、台湾当局の反応や対応も報道していた。

これまで経済記者として、中国大陸と台湾に関係する政府、官僚、企業、経済人、学者などを取材してきた経験から、「両岸関係」というものは日本から見るほど単純ではないことを強く感じてきた。台湾の人々にとって中国大陸とは経済的にも人的にも地理的にも離れることができない依存関係があるのが現実で、それゆえに大陸の動向に非常に敏感で、公式なもの非公式なものを含めて様々なネットワークで情報を収集していることを体感していた。

つまり、台湾での反応がこれだけ大きいということは、日本も他人事ではないかもしれないという漠然とした不安を感じた。こうした自分の肌感覚がある国を持つことは、グローバルな時代を生きるにあたって情報を読み解く際の大きなヒントとなる。

要するにアンテナが働くのだ。同日、台湾のホテルで読んだ日本の新聞の衛星版には、武漢発祥

気になるミダシ
“ナゾの肺炎”が猛威
厚労省も注意喚起

2020年1月7日に「news every.」で初めて新型コロナウイルス関連のニュースを放送（写真提供：日本テレビ）

の肺炎の記事は掲載されていなかった。正直、この時点ではまだ、第二次世界大戦以来の世界史に残るほどの出来事に直面するとは誰も想像できなかった。漠然と「対岸の火事では済まないかもしれない……」という程度の不安に留まっていた。

正月明けの「news every.」の番組幹部会議では、「中国の原因不明の肺炎の不安は日本に広がるのだろうか」という議論をした。しかし、日本人に感染者が出るのかまったく読めないうえ、正確な情報やウイルスに関する医学的な専門家の統一的な見解も乏しかった。まずは情勢を注視するということになった。

1月7日に「〝ナゾの肺炎〟が猛威　厚労省も注意喚起」を17時台に2分23秒で報じた。この日の全国ニューストップは「10代少女に首輪をつけて監禁、塾経営者を逮捕」、「今夜関東北部で雪」、さらには「ゴーン被告が海外メディアに語る」という逃亡劇からの続報だった。翌日には「イランが米軍基地に弾道ミサイル」を取り上げ、あわや戦争かとテンションが上がっており、新型コロナウイルス関連の続報はなかった。

1月9日に日本テレビ国際部は、「中国で発生した原因不明の肺炎について、中国の国営メディアは新型肺炎SARSとは別の新型コロナウイルスが検出されたと伝えました」という原稿を出し、初めて「新型コロナウイルス」というワードが日本テレビで登場した。「news every.」も「なぞの肺炎の原因は新型ウイルスの可能性」と、17時台に2分09秒で伝えている。

全国ニュースでは「ヘンリー王子夫妻が上級王族から退くことを表明」がトップである。正月明けのニュースでは、まだまだ新型コロナウイルスについては日本国内の関心が高いとは言えなかった。中国で起きているため、現地取材もままならない。さらには専門性も高い分野での未経験な事態ゆえ、情報収集は、力量が大きく問われる難しい局面となる。

その後、2月にクルーズ船で集団感染が起き、日本に寄港し、人々にとっては対岸の火事ではなくなると、大きく視聴率は伸びた。さらに3月になり、日本国内でも新型コロナウイルスが急激に広がると、「news every.」の視聴率はさらに大きく伸びていった。

視聴者は得体の知れないウイルスからどう身を守ればいいのか、そして仕事や学校など日常生活にどう影響が出るのか情報を欲していたのだ。特に新型コロナウイルスに関する内容の部分では、1分ごとに算出される視聴率調査の数字が急上昇をしていた。

毎分視聴率グラフ(イメージ)

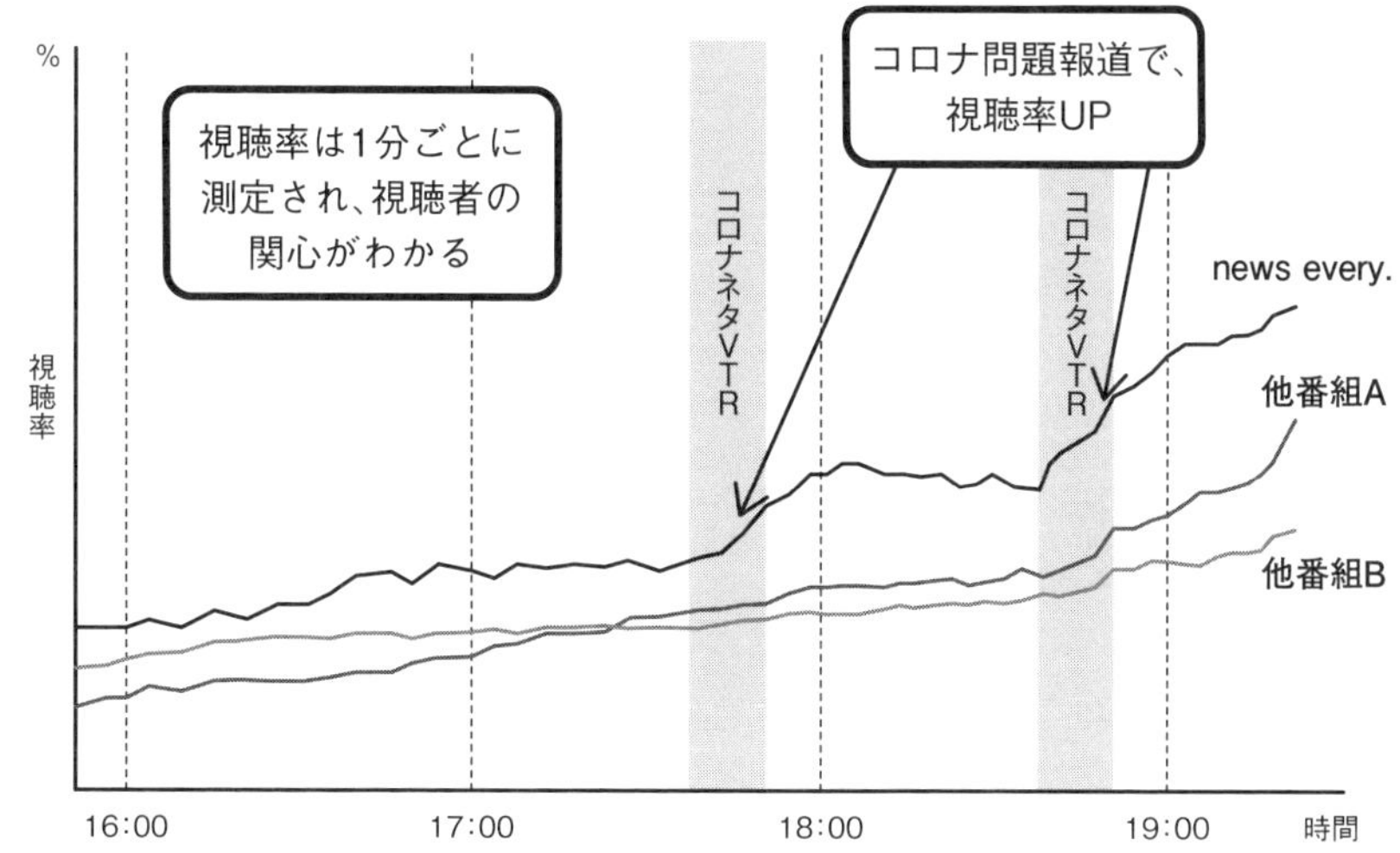

「有事」と言える国民の生命や財産に関わることは、正しい情報をいかに早く得るのかを、視聴者も真剣に考えて行動する。地震で揺れた直後や台風が接近している際にも同じようにニュースの視聴率は急上昇することが多い。こうした有事に、**「知りたい」という情報への欲は現代社会の中で生きるための本能**なのだとコロナ報道で改めて感じた。

各局がコロナ報道で一色となると、同じ「新型コロナウイルス」というだけで報道をするよりも、より丁寧に細かい分類をして視聴者に伝えることが重要だと番組スタッフは考え、「今日の感染者数速報」「海外コロナまとめ」「専門家解説パート」「コロナの生活への影響パート」「テイクアウト名店パート」のように、同じ新型コロナウイルスに関するニュースではあるものの、**「目線」をつけて情報を整理し、伝わり**

やすくなるように工夫していくことになる。
「この情報ならばこの時間に放送しよう」というような「習性」もできていった。情報をわかりやすく伝えるには「整理」することが必要になる好事例である。

テレビ離れと言われる中で、このような専門的に難しい情報において、命を守るためにテレビが手軽かつ信頼できる情報源として視聴者から支持を得ていることはとてもうれしく感じた。同時に、その期待を裏切らないように使命を果たさなければならないという気持ちで身震いしたことを覚えている。

2

「自粛ポリス」を生み出した怖さ

２０２０年、５月のゴールデンウィークや８月のお盆の時期が近づくと、「news every.」で伝えることが増えたのは「自粛ポリス」を巡るニュースだった。

「自粛ポリス」とはネットから生まれたとされるワードで、**「コロナ禍に多くの人が自粛をしている中で、それを破るような行動をしている人を見つけ出し糾弾する人」**という意味になるだろう。ゴールデンウィークやお盆の時期に帰省をやめるように行政などから呼びかけが行なわれると、これに反して帰省する人を批判や糾弾するようなことをネットで拡散をし、時に嫌がらせが行なわれた。自分が帰省したくても我慢をしているからなのか、あるいは自粛で我慢を続けてきたストレスを発散しようとしているのだろうか。

２０２０年８月10日。ちょうどお盆の帰省時期に報じたのは、青森市にお盆の墓参りのために東京からで帰省した男性を中傷するビラが、８月７日に家の玄関先に投げ込まれていたというものだった。投げ込まれたビラには「なんでこの時期に東京から来るんですか」「この通りは小さい子も居るのです。そして高齢者もです」「さっさと帰ってください」（原文ママ）などと書かれていた。

しかし実際にはこの男性は、帰省前に2回のPCR検査を受けていて陰性だったという。

この男性が帰省してから2日後に投げ込まれたということで、地域社会の誰かが見ていて、このようなビラを投げ込んだものと見られた。この中傷には「PCR検査を受けて配慮していた」という重要な、本人や家族しかわからない情報が欠けていた。断片的に帰省をしたという事実だけを把握はしたものの、その背景などの情報を消化できないまま発信したことがトラブルの根を深くしただろう。直接、当事者と話をしていれば誤解も解けたのかもしれない。あるいは単純にストレス発散でこのような行動をしているのかもしれなかった。

この青森市の事例は、**地域社会の「監視」**を投影したものだった。「情報洪水」と言われるように社会ではあらゆる情報が拡散されているが、実は「地域」の情報は昭和の頃よりも減っていると感じてきた。

筆者が警察取材をしていた頃、捜査官がよく「今はマンションの隣に誰が住んでいるのかさえも知らない。近所同士のつながりが薄れているので、捜査の手掛かりをつかみにくい」とぼやいていた。

かつて、近所の奥様方が得ていた噂話のような情報は、都市部では人間関係の希薄化とともに減少している一方、地方では健在だったのだろう。しかし残念なことに、青森のようなケースは地方に限らず、地域的につながりが薄い都市部の中でも、「コロナ禍の自粛」というものに対してはピリピリとした目で見ながら、「自粛破り」と言われるようなケースを見つけては「制裁」を加えようとする人々がいることが報じられた。コロナ禍の自粛ストレスの大きさを感じずにはいられない。

「自粛ポリス」を巡る動きでは、自粛に反していると考えた行動などをSNSで拡散させていたケースが目立った。これが過剰な反応であるとして炎上し、全国ニュースで取り上げられるケースもあった。発信した人はSNS上のみでの批判のつもりだった、あるいは青森のケースでは本人だけに伝えようとしたのかもしれないが、現在はメディアもネットのこうした動きは注視している。SNSから大手メディアの発信につながっていくケースは実際に少なくない。

大手メディアが全国的な問題として報じることで警察や行政が動くことになるケースもあり、批判をした人が社会的な制裁を受けることもある。「ゆがんだ正義感」や「島国根性」という批判も識者からは出たが、こうしたコロナ禍の状況だからこそ、「news every.」藤井貴彦キャスターの言葉、**「誰かを批判するのではなく」**という言葉が支持を集めることにもなった。「news every.」は「ミンナが、生きやすく」というコンセプトも含めてコロナ禍のぎすぎすした世相の中で支持を集めたのだと思う。

さらに地方の自粛ポリスのような動きを本来は封じることに役立つはずの「行政広報紙」は新聞の折り込みや、時には棚積みのように「紙」をベースにした配布型が多く、読者の年齢層が高いものと推察され、完全に封じることはできなかった。オフィシャルな自治体情報を継続して特に若い住民に届けるためには、行政がもっとネットやSNSを活用していくことが必要である。コロナ禍では役所の意識や対応の課題も多数浮き彫りになった。

3

世代間の分断が引き起こす事件

「自粛ポリス」を批判すること自体は簡単だが、「news every.」では自粛ポリスによって傷ついた人にも着目をしていた。その人たちは何を考えどう思ったのか、それを知ることによって、「みんなで考えようよ」という特集が企画された。

これは**「コロナで人生が変わった人」**というシリーズ企画で、駄菓子屋を経営しているおばあちゃんの店の軒先に「子どもを集めるな、お店閉めろ、マスクの無駄」という張り紙がされていたことから取材がスタートする。

本当にコロナが怖いから貼ったのか？　あるいはこのお店がねたましかったのか？　子どもが集まることが嫌だったのか？　本当の理由はわからないものの、このような行為を受けた店主のおばあちゃんは怖くなって店を閉じてしまった。しかし、やはり自分の店は子どもの広場だから1日も早く開けてあげたいという気持ちに立ち返り、奮起して、コロナ対策を入念に実施したうえで店を再び開くところまでを追う内容となった。

このお店を取材したのが、駄菓子屋のおばあちゃんの孫世代となる年齢の若手ディレクターで、人を批判するということではなく、寛容性の意味合いに気づいてもらおうというメッセージ性のある特集となった。

コロナ禍による自粛ポリスを批判的に報道するだけでなく、その深層にあるものは何かを俯瞰して考えることはきわめて重要だと思っている。**誰かが悪だという単純な図式ではなく、複眼で物事を掘り下げたいと考えてきた。**

さらに、情報を読み解く際には情緒的になりすぎてもいけないと常に戒め、冷静に多角的な目線を失わないようにも気をつけてきた。感情的な報道は視聴者の支持を集めないからだ。

社会では「自粛ポリス」事案は、オレオレ詐欺と同じく高齢者が被害者となるケースが少なくない。**筆者は子どもたちにおじいちゃん、おばあちゃんという存在が温かく尊いものなのだ**ということを、様々な形で伝えたいと考え実践してきた。若い時には自分が「強い」とか、「正義」であると感じ、それに反することを許せないと感じることがある。しかしその若者も、いつしか年を重ねて弱くなることを想像できる社会でありたいと思う。そして「力」を持たないから役に立たないのではない。社会的な弱者とされる人たちもまた、社会を支えているのだと感じる。社会を報道することは視聴者の様々な気付きの材料になるものだが、教科書的なスローガンに終わらせるのではなく、家庭での教育において、こうしたニュースを見た親がどう「優しさ」「寛容さ」を子どもに伝えるのかはとても重要だと感じているし、ニュース番組がその一助になればと思う。

4

映像インパクトに偏る「バカッター」の量産

夕方のテレビニュースでは、肩肘張らずに社会を見られる「動画」ものは大事なネタのひとつである。

近年はＳＮＳにアップされた「動画投稿」が炎上するケースが増えた。中でも炎上度が高かったのが**バイト先で迷惑をかける動画を流す「バイトテロ」**、いわゆる「バカッター」動画だった。

実際に「news every.」で放送したものでは、バイト先のコンビニエンスストアで、アイスなどの冷凍商品を保管する冷凍ケースの中に裸で入って騒いでいる動画、焼肉店で落とした焼肉をもう一度皿にのせている動画があった。

こうした投稿は、当初は仲間だけの悪ふざけだと思って撮影をしたのかもしれないが、本人なのか、周囲の人間なのかがＳＮＳ上にアップすることが拡散への一歩となる。投稿したアカウントが仮に「鍵付きアカウント」だとしても、この動画を見た人が転載をしていく際に「鍵なしアカウント」であればあっという間に不特定多数に広がっていく。「スクリーンショット、いわゆるスクショ」したものを拡散することもできるだろう。

そしてどこかで批判のコメントとともに転送を繰り返され、炎上していく。さらには映像から店舗が特定され、アルバイトの身元も特定され、さらされてしまうことになる。どんどん拡散されていくうちに、その**悪ふざけが、実は軽犯罪に該当してしまう**という指摘が入る。食品の衛生管理、業務の妨害など該当する可能性がある法律はいくつもある。

もちろんこうした行為はいかなる理由があれども許されないが、学生にとっては鍵付きのSNS上の世界は、仲間内の世界と思っていたのかもしれない。少なくないSNSユーザーはそこを誤解しているのだと思う。湖の中と思っても川から海に流れるように、**SNSも実は社会につながる公共空間である。**SNSの空間は、完全に施錠された密室の家の中だと思っていても、外から様子を見ることもできるし、敷地内でも外部につながるドアや窓がある場所だと考えたほうがいい。

大学や予備校でこのテーマを議論すると、若いデジタルネイティブの世代のほうが実はこの感覚を理解しているように感じる。デジタル世代ではない、企業の管理職の方々が、若いアルバイトを注意したり、どう説明をすればいいのかを理解していないケースがある。メディアから企業の広報には突然、「御社の関係者と思われる方の投稿ですが……」という取材が入り、そこで初めて事実を知るケースも多いそうだ。学校、企業、あらゆる場所で、SNSなどによる情報発信をする際のリテラシー教育が必要になっている。

若い人に必要なのは**「デジタルタトゥー」対策**だ。「デジタルタトゥー」とは、デジタル空間上に刺青のように消えることなく残されている投稿を示す言葉だ（2013年、メキシコ出身の研究者ファン・エンリケス氏がTEDカンファレンスで言及した)。「デジタル」と「タトゥー」の合成語である。一時の想いとして記載したことが、消してもなお残り、ぬぐい去ることの難しさを表現している。

具体的には若者特有のばか騒ぎをしたり、未成年で酒を飲んでいたり、恋人との情事を示すことだったりするのだろう。こうしたデジタルタトゥーが後に問題となることがある。例えば国会議員になったあと、有名なアスリートになったあとなど、著名な活動をするような公人になると、普通の学生なら黙認されないまでも、人目に触れず騒ぎにはならなかったこと、社会からの関心もなかったことが、急に〝無実〟ではなくなる。

将来にわたって問題となるような投稿をしていないか、学生時代からデジタルタトゥーを意識していなければリスクがあるということだ。違法行為である以上は「若気の至り」として許されないことになってしまう現実がそこに存在している。

5

詐欺師もネットの時代

平成の詐欺師といえば「オレオレ詐欺」だった。家への電話で詐欺師の言葉を信じさせ金をだまし取る手法だが、最後は「受け子」と呼ばれるお金を受け取りに行く人間が必要になるアナログな犯罪だった。この「オレオレ詐欺」は残念ながら時代を超え令和でも存在しており、高齢者を中心に被害があとを絶たない。しかし、**令和の詐欺師は面前に現われることもなく、スマートフォンとアプリさえあればだますことができる。**それによって「オレオレ詐欺」のターゲットではなかった中年層も被害に遭うようになっている。

番組で取材した**「国際ロマンス詐欺」**の特集では、この典型例を紹介した。この取材によると、40代のシングルマザーの女性が出会い系サイトで知り合った外国人の男性とやりとりを深めていく。すると男性側が、結婚するためにはお金が必要だ、二人で住む家を買う必要がある、そのためのお金が得られるのだと言葉巧みに投資サイトに誘導する。最初は儲けさせて安心させ、次第に大きな金額を投資させると、連絡を絶ち、お金とともに消えていくという筋書きだ。

「二人で住む家を買うため」という甘い言葉を信じた結果、1000万円を超える預金が泡と消えてしまった。一度も会ったこともなく、リアルタイムでの会話すらしていない、文字だけの関係なのに信じ込んでしまっていた。動画通信アプリの使用はしないことをうまく信じ込ませてもいたそうだ。

そうなると、**コロナだから直接会えなくても違和感がなく、コロナで寂しい状況下で、アプリの中の恋愛に熱くなってしまう**のだろうか。恋人と思っていた男性の写真は中国のファッション誌から流用されたものだったという。

これが他人事なのかと言えばそうではなく、筆者にも怪しい英文のメールが来た。どこで名前とアドレスを知ったのかはわからないが「私はタイのバンカーです。8年前に死んだ人の口座があり、その人には身寄りがまったくない。この人の名前とあなたの名前が偶然に一緒です。数千万円に相当する高額な金額が口座にあり、誰も何も権利を主張していないので、あなたに引き出す権利がある。うまくいくはずです」というようなことが書いてある。

いの一番にこの銀行が実在しているのかネットで調べてみると、タイでは有名な銀行だった。相手は返事を求めていて、おそらくは欲を出してこのメールに返信をすると、送金するのに保証料がいるとか何とか言って金を巻き上げるという詐欺なのだろうなと想像した。冷静に考えてみれば名前が同じ日本人なんてほかにもたくさんいるだろうし、それだけでお金を引き出せるような甘いことがある訳がない。

筆者の Twitter に届いた中国人と思われる人物（本文の例とは別のもの）

ロマンス系で言えば、Twitterにモデルのようなアイコンの中国人女性からダイレクトメールが来たことがあった。いかにも翻訳機を通したような日本語で、「投稿見ておいしそうな写真だったので連絡しました」というようなメッセージだった。

その女性の発信内容を見ると中国語で、しかも水着姿の写真や豪華な生活ぶりの写真を添えた投稿が並んでいる。筆者は中国語を学んだ経験から、このようなメッセージを「無料中国語実践練習」と称して活用しており、詐欺であるとわかりつつ中国語で返信をしてみることがある。

「どこに住んでいるのか」「趣味は何か」などを尋ねる。さらには、「中国の○○に行ったことがある、日本はどこへ行ったのか」など、他愛もない会話を繰り返し、気を許したかのように見せると、こちらの職業を聞いてきた。高収入感ある偽りの職業を答えると、「私たちいい関係になれると思う。日本に行ったら案内をしてほしい。「Twitterはあまり見ないのでＬＩＮＥを教えてほしい」というメッセージが入ってきた。

筆者は、**中国ではＬＩＮＥは通常使えないことを知っている**ので、「ＬＩＮＥは国家安全上の理由で使わない、微信《ウィーチャット》のＩＤを教えてほしい」と返信すると、そのまま連絡が途絶えた。中国人で微信を使わない人間はほとんどいない。おそらくは微信は中国政府に個人情報と紐付いて把握されており、危険だと考えているのだろう。だからＶＰＮ経由のＬＩＮＥを中国で使用しているのか、あるいは日本にいる中国人の詐欺師なのだろう。ＬＩＮＥでロマンス詐欺に発展させるか、個人情報を集めているのだろうと推測をした。

このメッセージが来た時、どのように詐欺だと判断したのか、ポイントをあげたい。

・フォローしている人がほぼ日本人である

→中国人なのに、日本人ばかりフォローしているのはどう考えても不自然である。

・通常、個人情報（ＬＩＮＥ）をすぐに交換したりはしない

→ＬＩＮＥは生活に欠かせないアプリになっており、よく知らない人とすぐにＩＤ交換はしない。悪用されたら困ると思うからだ。

・中国でTwitterやＬＩＮＥを使うケースがきわめてレアであることを知っている

→中国に限らず、違う国の常識の一端に関して知識があれば、不審なことが見破りやすくなる。

いずれにしてもこうした事例が示していることは、インターネット空間で夢を見られることはいいのだが、**現実との境がどこにあるのかを見失ってはならない**ということだ。まして個人情報やお金に絡むことは慎重に慎重を重ねるべきだ。

しかし、こうしたネット上のロマンス詐欺から個人情報を守るための教育は、学校では具体的事例を論理上取り上げるのが難しい面もあるだろうし、企業が行なうのも場違いである。そうなると隙間ができ、どこかで必ず受けるということがないまま年齢を重ねてしまう。つまり報道という役割で、こうしたネット犯罪被害の防止につながるようなニュースを伝えることが重要だと感じている。「news every.」でも放送するたびに視聴者からは高い関心が寄せられた。

6

情報洪水の中で「部族化」する世界

インターネットの中では様々な情報が溢れ、そして様々なコミュニティが成立をしている。「本来のリアルな自分」＝本アカ、「趣味のアカウント」＝趣味アカ、「普段の自分にはない仮想の世界のアカウント」＝裏アカなど、複数のアカウントを使い分けている人も多い。

このようにアカウントを使い分けているのは、発信の方針が明確なほうが仲間＝フォロワーが集まりやすいことを体感しているからだ。これはデジタルネイティブ世代ならではの感覚だと思う。「〇〇垢」というようなネットスラングも定着している。

このように同じ趣向の仲間が集まることは一見楽しく、害がないように見える。しかし**同じ思想・信条の仲間が集まり、異なる考え方の集団を攻撃する傾向**があるとして、『操られる民主主義 デジタル・テクノロジーはいかにして社会を破壊するか』（草思社文庫）という本の著者、学者でありジャーナリストでもあるジェイミー・バートレットは、それを「部族化」という言葉で表現した。

この「部族化」という言葉を「時には指導者を崇拝するなど、集団に対するなみなみならぬ忠誠と、自身の不手際には目をつむりながら、敵対者の失敗はことさらあおり立てる傾向、敵対者との

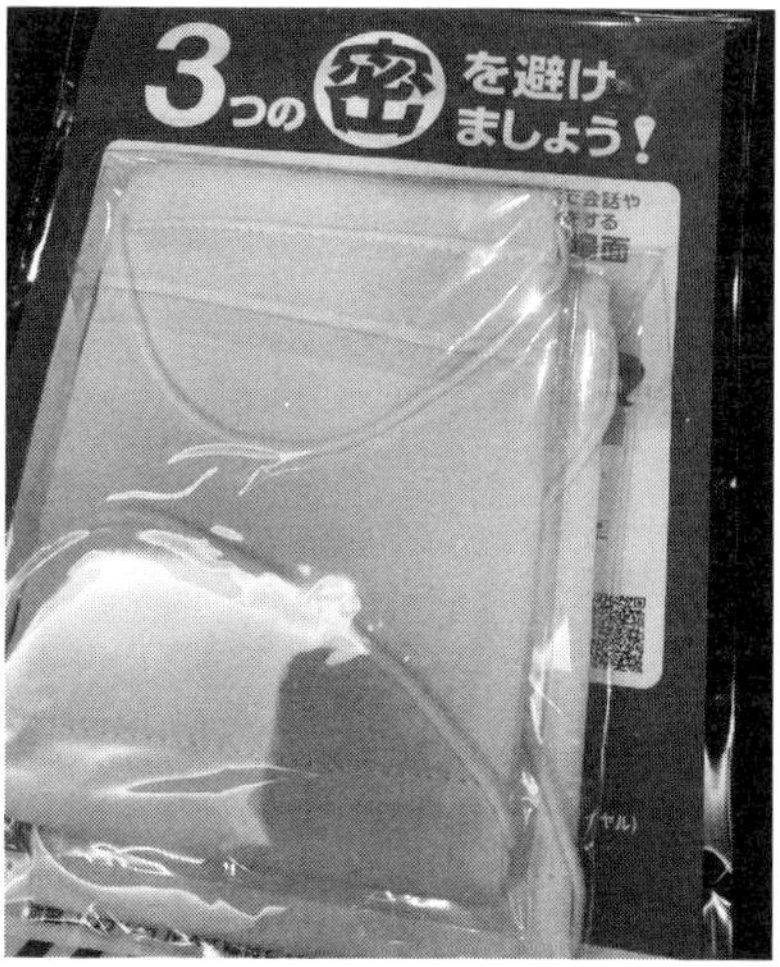

全世帯に投函された「アベノマスク」（筆者撮影）

妥協に対する嫌悪などによって特徴づけられる。政治がスポーツ観戦のようになりつつある」と定義しており、外に開かれていない時代のアフリカの部族にたとえた。

日本史で言えば、神がかった女帝卑弥呼が運営したという邪馬台国と称されたストーリーにも類似しているだろう。こうした「部族」が、**自分たちと敵対する存在を抹殺していくような閉鎖性がある**という指摘だ。今日にたとえるなら、欧州の熱狂的なサッカーファンが暴動を起こしたりすることと似ているだろう。

さらに現代の政治では、安倍晋三内閣への評価を巡っても「部族化」した言説がSNS上で激しい闘争を繰り広げてきた。たとえば「アベノマスク」がたくさん余っていると報道されると、「やはり無駄だった」という批判をする集団が現れ、一方ではその数を上回る引き受け手が現れたというニュー

部族化のイメージ図

集団内での崇拝、忠誠　　敵対者との確執、対立

スが伝えられる。

そうすると、「安倍晋三のサポーター的な人たちがたくさん名乗り出たのだ」とか、「ネットでそういう運動が起きていた」とか、真偽不明の「情報」が拡散されて、こうした「情報」を元に「部族間」での闘争が続いた。

純粋にマスクの問題を議論するというよりも、「親安倍」なのか、「反安倍」なのかという「部族」の争いになり、あらゆるニュースがこのバイアスで議論される材料となってしまう。情報を冷静に議論をしているとは言えない状況となった。どんな内閣でも、個々の立場によりどの政策を評価するのか、あるいはしないかは分かれる。しかし、いかなる内閣であれ何も国民に受益がないのかと言えば、そんな単純ではない。人気投票よろしく、ゼロサムでの議論が進み、それを安易に首相個人にレッテルを貼り、先鋭的に批判をしていく姿はリテラシーとはほど遠い。

このように様々な部族化した集団の情報を見ていると、「ネットによって『知らなかった怒り』を知る」「ネットでは、希望するどんなタイプのコミュニティーでも見つけられるし、なければ自分で立ち上げられるので、志を同じくする何千人もの人が結集することでつながっていられる」と前述のバートレットは分析している。

ネットで大手メディアが報じた記事などの都合のいいところだけを切り取り、もっともらしく発信されると、見た人は信じてしまうということだ。情報を読み解くことは困難な作業であることに加え、様々なバイアスもあり、また安易な方向に流れる議論があるということを理解して、事実を考える力が必要であることを指摘しておきたい。

7

トランプ前大統領が与えた影響

アメリカの政治学者の冷戦後の主流の見方では、**「世界はやがて民主主義化していくだろう」と考えられてきた**。中国やロシアなど、独裁的なひとつの権力機構が治めている国でも、やがて民主主義の価値観に人々は目覚めていくだろうと見られていた。

しかし実際のところ、こうした国々の体制が揺らぐ様子ということは表面化してきてはいない。北朝鮮の金正恩総書記がトップの座に就いた時にも、「あんな若造に権力統治は無理だろうから内部から崩壊していくだろう」という見方もあったが、そう単純ではなかった。

こうした中で近年、政治学者の間でも、民主主義は騒がしくなったと指摘されることが増えた。2016年アメリカ大統領選でのトランプ氏の勝利は、「民主主義の失敗だ」とも指摘される混乱ぶりだった。

民意を刺激するポピュリズムにより政権交代を実現したトランプ大統領への対応には、対峙する中国政府も苦慮した。「中国共産党中央は、トランプ候補が体現するポピュリズムを警戒せざるを得なかった。一方で、党中央はトランプ候補の反オバマ的側面を国内宣伝に利用した」と指摘され、矛盾する初手のせいで、その後もトランプ政権との関係構築をすることができないまま終わったと指摘されている。

こうした動きは、**「民主主義とは何かを考える議論は有識者の間で高まった」**（『国際問題2017年No.663』「トランプ政権と米中関係」中居良文、公益財団法人日本国際問題研究所）。このように西側諸国も専制国家も、情報の「部族化」とそこを刺激するポピュリズムという手法を使うことの影響の大きさに有識者は気づきはじめてはいる。しかしその対処法はまだ社会の中で見出されたとは言えない。**民主主義という大衆の判断を反映するという制度に対して、情報戦や安易なレッテル貼りが効果を持つことを実証してしまったトランプ政権の影響は非常に大きかった。**

トランプ前大統領自身がこうした先入観を持ちやすいことにレッテルを貼り、バイアスを持たせる言葉の天才だと感じる報道が多かった。彼は人種差別意識を潜在的に持っていたものの表に出せないと感じていた人々を刺激し、人種差別感情を表面化させることをあおった。そしてアメリカ社会を分断させたと指摘されている。

人は誰しも恐怖や経験に基づくある種の心理的なバリアを持つことはあるのだろう。たとえばエレベーターで屈強な刺青をしたラッパースタイルの黒人と二人きりになれば怖いと感じることだ。これは憶測による恐怖心でしかなく、実は優しい人である可能性がある。言葉にするなど差別を表面化しなければ、単なる先入観だったということで、表面上は何事もなくすぎていくだろう。もちろん黒人だから大学に入れないなど、人種を前提として機会を不平等にする差別は許されない。そして**教育を受けることにより、この無意識のバリアも知性で乗り越える判断ができる。**外見が異なる＝人種だけで差別的な意識を持つことなく、どの人種にも悪い人もよい人もいるという当たり前のことを冷静に考えることが根本的な偏見をなくすことにつながる。

さらにトランプ大統領は対立候補のジョー・バイデンに対して「Sleepy Joe」と呼び、よく居眠りをしている高齢の弱い人というレッテルを貼った。民主党の予備選挙に出馬した下院議員を務めたベト・オルーク候補には「手の動きが多すぎる」。体格のよい上院議員のエイミー・クロブシャー候補には「雪だるま」と名付けたり、共和党の予備選挙での対抗馬で上院議員のマルコ・ルビオ候補には「チビマルコ」と名付けたりした。アメリカ社会では「背が低い」ことを指摘するのはかなりの悪口で、背が小さいことをネガティブにとらえる人がいるにもかかわらず公然とツイートして、見ている人に悪い印象操作をし、自分が優位なのだということを打ち出す選挙活動を行なった。こうして同じ部族内で盛り上がるという手法を取ったのだ。

「レッテル貼り」を超えた悪質な発信が、そもそも嘘のことを事実かのように発信して社会的な問題となった「フェイクニュース」だった。これは3章で詳しく取り上げたい。

このようにSNS上で同じ考えの仲間内で集まり、排他的な行動をしている「部族化」が究極の行動を起こしたのが、2021年1月6日にトランプ大統領の支持者がアメリカ議会の中に強行突入した事件だ。「選挙は盗まれた」という主張をしていたトランプ大統領の発言を妄信する右派の人たちが抗議活動をしていた。

この中で右派の人々が利用していた「Parler」などのSNS上で、トランプ支持者が結集して議会を襲撃しようという計画が進められていった。同じ思想の人々が集まるSNSで、さらにトランプ大統領を熱烈に支持する人たちがまさに部族のように固まり、考えの異なる人々を排除しようと動いた事件となった。

トランプ大統領の誕生によりアメリカでの人種間の対立が拡大し、さらには新型コロナウイルスを「チャイナウイルス」と呼んだことで、SNS上の世界から具体的なヘイトクライムに発展するケースも起きている。

この「チャイナウイルス」ではアジア系へのヘイトを生み出しており、2020年3月4日にはニューヨークの地下鉄で、黒人男性がアジア系の男性に対して除菌スプレーを吹きかける事件が起きた。一方、ほぼ同時期の2020年3月22日までには中国瀋陽のレストランで、「アメリカでの感染拡大を熱烈に祝う。日本の感染状況も祝う。順調に末永く続きますよう」という横断幕が掲げられた。

両方の騒ぎは、この一部だけを切り取れば残念ながら事実である。ではアメリカ人が一様にアジア人にこのような行動をするのかと言えばそうではないし、もちろん中国の人々がこのように一様に思っているのでもない。実際に中国のレストランの件では国内から「恥ずかしい行動だ」とする批判があり、横断幕は撤去された。そしてアメリカでも中国でも、警察当局がこれらの件を調べたという。

しかし、この差別的な事件を公式なメディアが報じたものを引用し、「やっぱり中国は怖い」「やはりアメリカ人はアジア人を差別している」など、対立をあおり立てていく発信がなされると、これは「部族」にとっては格好の材料になってしまう。

筆者個人の中国人観で言えば、国家よりも「商売繁盛」が身の上の現実主義者が多いと思う。楽観的に考えれば、「この横断幕を掲げれば客が喜び集まるのではないか」程度の発想だった可能性もある。まさか瀋陽の1店舗の情報が、世界にそこまで拡散されるとも思っていなかったかもしれない。中国人留学生や中華系の親を持つ学生にこの話をしても同じような反応が多かった。この局面だけを切り取り、中国人は反日的だと断じるのは危ういということだろうし、トランプ的な言説に乗じてしまうような反応をしてしまうことは、社会の分断を助長することにつながる。冷静な報道姿勢を保つ必要を感じたものだった。

さらには、トランプ大統領ひとりに分断の責任を押しつけるのも短絡的だ。コロナ禍という社会全体での自粛ストレス、雇用など経済的な不安により分断が浮き彫りになっている側面ももちろんある。

G7 財務相会合取材時、ワシントン支局にて（2006 年）

2020年にトランプ大統領は落選して2期目はなかった。しかし彼が大統領でなくなってからも、そのSNSでの発言をどう考えるのか余波は続いている。2022年5月のイーロン・マスク氏によるTwitter買収劇の中でも大きなテーマとして持ち出された。トランプ前大統領のアカウントをどうするべきなのか、**SNSにおける言論の自由とは何なのか**、議論は続いている。一国の大統領や有名経営者がSNSというものをいかに重視し、よくも悪くも利用をしているという現実がここにはある。

8

「反マスク運動」の行く先

コロナ禍に際しても、「反マスク運動」のような動きは「部族化」の典型だと感じる。筆者のTwitterに転載されてきたもので、「ノーマスク山手線周回ゲーム開催します」というものがあった。「2019年の日本を取り戻す！」とも書いてある。要するにコロナ前の日本に戻るということをメッセージとして打ち出している。「毎週日曜日に開催します」と書いて動員を呼びかけていた。

さらに「プラカード、飲酒、飲食、喫煙、武器の持ち込み（自衛用）、反社前科持ちでも歓迎」という過激さを物語るようなメッセージが添えられている。筆者は子どもの習い事の帰宅時間に重なると不安になり、真っ先に「絶対にこの時間に山手線に乗らないように」と指示をした。

この類いの**「あおり発信」**とも呼べる強いメッセージは、批判の意味を含めて広めている人も多いが、結果的に情報を拡散をさせている状況になる。では、なぜこうした動きをするのか、情報を読み解く意味でも考えてみたい。次のような理由があげられるだろう。

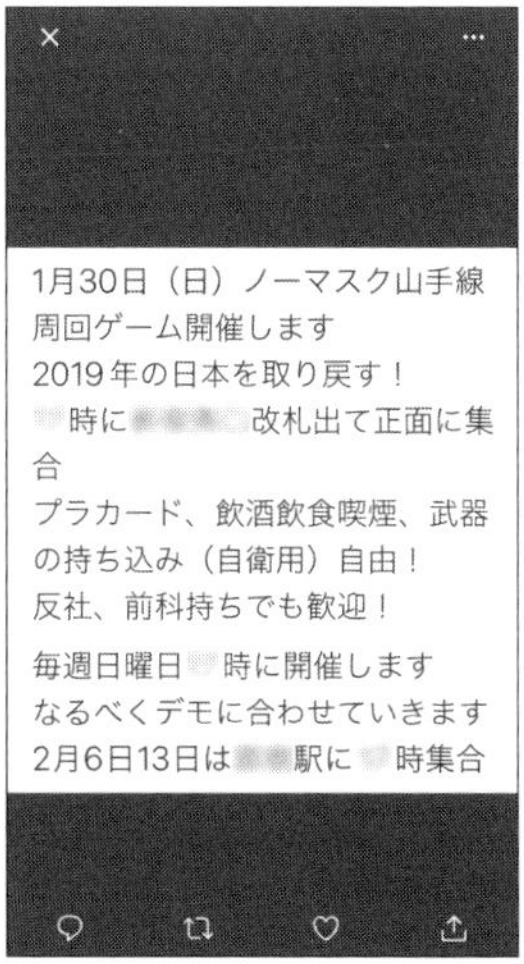
1月30日（日）ノーマスク山手線周回ゲーム開催します
2019年の日本を取り戻す！
時に改札出て正面に集合
プラカード、飲酒飲食喫煙、武器の持ち込み（自衛用）自由！
反社、前科持ちでも歓迎！
毎週日曜日時に開催します
なるべくデモに合わせていきます
2月6日13日は駅に時集合

Twitterで拡散された「ノーマスク山手線周回ゲーム」の情報

・社会的な不安・不満を持っている人のストレス発散
・愉快的に面白がっている
・本当に「コロナは風邪でノーマスクであることがいい」と信じている
・このネットワークを政治的に利用したい思惑がある

いろいろな考えがあるが、ここで重要なことは「ノーマスクでもコロナ感染拡大の問題にならない」と考える人々のエビデンスがどこにあるのかを考えることだ。

さらには、公共の場である山手線の中で飲食、飲酒、喫煙が自由だなんて言うのは何のためなのか。これはコロナとは関係なく、便乗騒ぎ、嫌がらせでしかないことは明確だ。呼びかけの矛盾や目的を行間から読み解く力があるとこうした拡散に乗らずに済むだろう。

小学生になる前くらいに親から教えられたであろう「電車の中でものを食べたらダメ、我慢しなさい」という基本、これをいい大人があえてやってしまおうということへ疑問を持つ感覚。**情報リテラシーとは「常識」もひとつの重要な尺度**となる。

論外であることは「武器の持ち込み」を呼びかけていること。明らかに犯罪であるばかりか、社会不安をあおる行為だ。「武器が公共交通機関に持ち込まれるから検問をするべきだ」「所持品検査をするべきだ」、こういう声が出てくることになり、マスク以上に息苦しい社会を呼び込む可能性がある。

中国では長距離列車のみならず、地下鉄駅構内の入り口にも金属探知機とX線検査があった。

このように社会の不安を招くような行動は、結果として監視を強化する社会につながりかねない。

さらに「反社、前科持ちでも歓迎」の意図も、〝暴動を起こしてください〟というような、周囲に威圧感を与えようとする狙いなのだろう。このように科学的根拠に乏しい社会不安をあおる行動でストレスを発散しようとしているとしたら、若い人が惑わされないでほしいと願うばかりだ。

9 先入観を捨て、判断力を身につける

会社員であれば勤務する会社で、学生であれば通っている学校でというように、所属している組織で生きるための術として、様々な情報を入手する必要があるだろう。

どんな組織でも、流れている情報はすべてが事実ではないだろうし、リアルに目で見て、様々な知識と照らし合わせて情報を考えることが必要だ。**幅広い知識があれば多角的に物事を考え、フェイクを見破っていくことができる。**こうした動き方で、適切に噂を含めた様々な組織内情報に対抗していくことができる。

特に組織においてはまずは、**「レッテル貼り」「印象操作」「自分を正当化するための言説」などへの対抗が必要になるだろう。**これがいじめやハラスメントを防ぐことにつながる。

少し違う話と感じるかもしれないが、筆者が初めて家族旅行で韓国に行った2003年の話に触れたい。当時はすでに「韓流ドラマ」が日本でも人気で、韓国のイメージが変わりつつある時期だった。そこで筆者は両親と妹に「父の定年のお祝いに家族旅行で韓国に行こう」と提案をした。しかし、特に母が「韓国に行ったら石を投げられるだろう。危ないのではないか」と強い拒否感を示

したのだ。

父は出張で韓国へ行ったことがあったが、戦後生まれ団塊世代の母には未踏の地であり、暗い戦争の印象がまだ色濃く残っていたのだ。

何とか説得して家族四人で現地に行くと、食堂では日本語で話してくる高齢者もいて温かい交流こそあれ、怖い経験をすることもなく楽しく時間を過ごした。

知らない国、そして過去の歴史問題という印象で「韓国は怖い」というレッテルを貼ることの意味のなさを、母は実体験を通じて克服したのだ。これは「あの支店は○○だからよくない」などと話しているサラリーマンにも該当する事例だと思う。大きな組織であればあるほど、行動へのハードルも物理的、心理的ともに高いケースが増えるが、実際に相手方に赴き、意見交換をすることで先入観や偏見を克服していけることは多い。


問題は、**実際に怖い経験をした際にどう冷静に対処し、刺激を与えず対処できるのか**だ。

筆者が中国の東北部にある長春市に行った際の事例をご紹介したい。街角で写真撮影をしていると、男性が何やら中国語で抗議をしてついてくる。当時はまったく中国語がわからず、英語でかわしながらどうしようかと困惑していた。誠実に対応をしようとしても進展しないので、そのまま歩きはじめたが、やはり何かを言いながらついてくる。

こういう時こそ冷静にならなければと時間を稼ぎながら考えた。中国では、日本の報道機関に所属しているということはそもそもネガティブな要素である。拘留でもされれば大変なことになりか

中国吉林省の省都である長春市。筆者が訪れた2001年。この写真を撮影した直後に……。

ねない。この男性は筆者の属性を知っているのか。さらには、この男性が一般人なのか国家権力の人間なのか。あらゆることを考えながらの時間稼ぎだった。

相手が国家権力ならば筆者が中国語をわからないとしても即座にそこで拘束をできるはずだ。ただ騒ぎになるのはよくない。そこで、最寄りのホテルに入れば英語ができる人もいるだろうし、何とか話し合えるのではないかと考え、見知らぬホテルのロビーに入った。するとその男性は入って来ない。この時点でこの男性は何ら強制力を持たない人物であることを確信したし、相手の言い分には筆者に抗議をする根拠はさほどないのだろうと判断することができた。しかし警察などに通報する可能性はある。筆者とトラブルを引き起こそうと、まだ外で待っているかもしれないと考え、そのままホテルのレストランで食事をしてから足早に裏口から出て、その男性は居ないことを確認し、一目散にタクシーを拾い立ち去った。

筆者の行動如何によっては危ないケースになりかねなかった。語気や表情から外国人である筆者が街頭で写真を撮影していたことをよく思わない人であることは確かだった。特に外国人に敵対的な人々の中には行動を悪意と解釈する人もいるし、まして政治体制が異なる国では注意する必要がある。

偏見による危険なのか、はたまた筆者がある種タブーを犯していることが原因なのか、あるいは知らぬうちに法律などに違反をしていることがあるのかを、冷静に判断することが身を守る。結果として難を逃れたものの、中国で拘束されたらと思うとヒヤリとする経験だった。

このように、ある**国家、組織、学校などの中では、そこだけで通用するルールもある。**このルールを外から見た場合には偏見を生むこともあるし、逆に外から中に入り、知らぬ間にトラブルになるケースもある。スクールカーストと言われるような、良し悪しは別として学校の中にある不文律での暗黙のルールもあるかもしれない。そこに通う生徒たちには大きな影響を与えるものだろう。

このような様々な組織で情報を活用していくには、まずは先入観を捨てて、今ある情報から状況をどう冷静に判断するのかが重要になる。頭でっかちになりすぎることよりも、一瞬一瞬の積み重ねでの判断が身を守るのだ。

10 あなたの「クリック」が見られている

全世界の人々にとって、検索サイトおよびメールサービス、そしてＳＮＳは、もはや誰もが必要な**「デジタルインフラ」**となっている。水や空気のように、利用しなければ社会的な生活ができなくなるとすら言える時代に入っている。

しかし、ここで何気なく発信した「いいね」や、検索をしているワード、通販で取り寄せている情報などは、デジタル事業者に読み取られて分析され、データ化されている。

不動産の検索を繰り返したあとには不動産の広告が掲示されてくるし、本を購入したあとには「あなたにおすすめの本はこれです」という即購入できる広告が出てくる。もちろん、自分にマッチしているように感じるものもあれば、表層的な関連はあっても探しているものとは違うな、と感じるものもある。しかし、購入したか否かも含めて分析され、さらに購買につながったものを分析されていき正確性が増していくこととなる。

このように個人の消費動向が読み込まれていることを、便利と解釈するのか、不気味に感じるのかは個人差があるだろうが、事業者側に分析材料を提供することに同意をしなければサービスが使いにくいものがあることは事実だ。実際、「個人情報規定を改訂しました。同意しますか?」というメッセージが出ることが増えた。正直長くて、何がどう変わるかわからないけど利用したいので、「同意する」を押さざるを得ない状況が続いている。

この「同意」はまったくユーザーフレンドリーではないのが実態だ。しかし、事業者側からすれば「同意しましたよね?」として個人情報をより利用できる仕組みになっているのだと推測する。

福田直子氏の著書『デジタル・ポピュリズム　操作される世論と民主主義』(集英社新書)によると、テクノロジーライターが大手検索サイトに情報開示を迫ったところ、大学時代までの住所、電話番号、車のナンバー、住宅ローン、勤務先、親族の名前、友人のアドレス、検索記録、買い物習慣、信用情報すべて記録されていた。さらに検索サイト側は、消費者行動により21のグループと70の小グループに分けて活用しているということだった。名称もなかなかシニカルな分類で、「田舎のローバータイプ」「贅沢ライフスタイル派」「成功している家族タイプ」などというトーンで名付けていた。

「田舎のローバー」とは、そこまで高い車ではないが、田舎に住んでいる人にとってはちょっと見栄を張って乗り回しているという姿を揶揄したシニカルなネーミングだ。「贅沢ライフスタイル派」であれば、浪費傾向のある人に消費者ローンの広告を投下すれば効果があるとか、「成功している家族タイプ」ならば、教育熱心だから塾の広告を入れたら反応がいいなど、マニュアル化された広告との連動もしているのだろう。

このように、普段は何気なくSNSで発信したり、メールを使用したりしている利用者の情報が、監視国家でも入手できなかったのに、GAFA（Google Apple Facebook Amazon）が入手できているということも同書では指摘している。北朝鮮のような監視国家では人の家の中を見ることは可能だとしても、頭の中までは見ることができない。しかしスマホのデータが手に入れば、頭の中までのぞけてしまう。

さらにはスマホで健康管理アプリなどを使用していれば、脈拍のデータと発信内容をリンク付けて解析したり、さらに長年の消費行動のデータと毎日の脈拍や運動量などのデータが連動して蓄積されれば、そのユーザーの余命すら推測できる時代が来ているという。

デジタル時代とは、いかに個人情報を集約するのか、いわゆるビッグデータを収集し、それを活用する経済活動の時代になっている。便利さと自分たちの個人情報を守ることの裏腹の中で私たちは生きていかなくてはならない。こうしたデジタル社会で生きていることの現実を知ることが、まずはリテラシーの前提として大切な一歩になるだろう。

さらにデジタル社会を当たり前と思うだけではなく、どう賢く、安全に生きやすくしていくのかを、デジタルネイティブの若い人たちが考えて、基準やルールをつくりながら運用していくべき時代になっている。デジタルに利用されるのみならず、ユーザー本位の様々なルールをつくることが必要になっているのだと強く感じている。

2章

情報洪水時代を生きるメディア

1

「情報洪水」とは何か

「news every.」は日本テレビのレギュラータイムテーブルの中では、1日あたり最も長い時間生放送で展開しているニュース番組である（2022年11月現在）。月曜日から金曜日まで毎日夕方15時50分～19時の実に190分、政治、経済、社会、国際、地方ニュースといった真ん中のテーマに加えて、生活文化情報、スポーツ、天気予報まで実に幅広い分野の情報を大量に伝えている。

夕方の時間帯は日本テレビのみならず、他局もニュース番組を生放送しており、**各局が最も激しく凌ぎを削る時間帯のひとつ**だ。

こうした夕方のニュース番組戦争の中で、2020年2月からの2年半は新型コロナウイルスに関するニュースが、どこの局からも途絶えた日はなかった。専門家が毎日のように出演して、日々の感染状況を詳しく伝えてきた。さらに本書を執筆中の2022年2月にはロシアとウクライナの戦争がはじまり、やはり各局が連日大きく伝えている。

このように視聴者が一様に大きく関心を持つ分野から、名前も知らない場所で起きたびっくり映像的な一過性の関心になるニュースまで、大量の原稿とVTRが流れている。番組の統括プロデュ

「news every.」のスタジオ

「news every.」が放送されているスタジオ（写真提供：日本テレビ）

ーサーである筆者でも、昨日放送したすべてのニュース内容を覚えているのかと言われれば正直、「NO」である。スタッフの中でも3時間10分の内容をすべて正確に思い返せるメンバーはいないだろう。

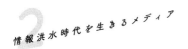

さらにテレビニュースだけでなく、新聞、ラジオ、雑誌といった古くから続く伝統的な媒体でも同様にニュースが流されている。加えて近年情報量が飛躍的に増大しているネット上でもニュースサイトをはじめ、検索サイトやスマホのアプリ、さらにはSNSを通じて大量のニュースが流れている。

ニュースの制作者からしてみると、決まった時間を埋めるために、無理矢理かき集めているという体感はまったくない。むしろ世界中ではあらゆることが起きており、放送時間の中で入りきらずに落とさなければならない

項目がある日が大半だ。

もちろん番組の視聴者が食いつくようなニュースが少ないと感じる日はあるし、はたまた伝えたいけれど続報が出てこないなど、構成上の悩みは常につきものだ。しかし、プロのメディアにとっても大量に入ってくる情報から選択をすることは悩みであり、それだけ**世の中に興味深い事象は尽きない**ということだ。本当にニュースの仕事は毎日が変化に富む楽しいものだと感じている。

では、なぜ今は「情報洪水」と言われているのだろうか。

この言葉を人間の胃にたとえて定義してみる。情報＝食べ物と考え、これが洪水のように溢れながら胃に流れ込んでくると、消化不良を起こしてしまう状況である。つまり血や肉にならないまま、吐く、下痢をすることを想定した言葉だと解釈したい。

つまり、情報が必要か不要かを問わずに大量に投下され、消費者は受け止めきれずに消化不良を起こしてしまう状況を表わした言葉だと本書では定義する。

ではいつからこの「情報洪水」が起きている社会、「情報化社会」と言われているのだろうか。若い読者であれば「ネットが登場したから?」などと感じるかもしれないが、「情報洪水(information overload)」という言葉をバートラム・グロスは１９６４年に『The Managing of Organizations:The Administrative Struggle』という著書で「情報過多によって、必要な情報が埋もれてしまい課題を理解したり、意思決定をしたりすることが困難になる状態を指す」とすでに定義している。

この時代は話し言葉のラジオ、文字の新聞という大きなメディアに加えて、映像を伴うテレビが普及してきた時期だった。つまり、テレビという新しいメディアでもニュースが流れるようになった。バートラム・グロスは、これでは情報が溢れ返るということを感じたのだろう。

隣近所で見聞きしたことが「情報」だった時代から、不特定多数に発信できるプロの媒体が登場し、媒体数が増えていく度に、国民は困惑し、情報の選択の仕方を抜本的に見直さなければならなくなっている。だから学者も情報が増加し溢れる弊害を定義したくなるのだと考えられるが、その情報量に違いはあるものの、これ自体は決して新しい状況ではない。

古来より情報というのは、真偽の確認などを含めて〝消化をする〟ことは決して容易ではなかったのだ。必要以上にこの現象を恐れることはないし、むしろどのようにプラスにメディアと向き合いながら、自分自身の生活を豊かにしていくのかということに本書では着目していきたい。

2

「情報洪水」を災害にしない

このように情報量が増えてくる中で、アナウンサーが番組で情報を伝える速度も速くなっていることを実感している。現在、1分間に読む文字数は平均300文字でカウントしているが、実際にはもう少し速いアナウンサーが多い。テレビ記者は放送用の原稿を書く際に、この字数を参考に、決まった長さの中で読みきれることを考えて原稿を書くのだが、想定している長さ=字数よりも少し速く読むアナウンサーが多いということを体感しているからだ。

しかし入社した頃には、300文字を1分では読み終えないアナウンサーもいた。読む技術の差はあるが、ニュース原稿を読むスピードが速くなれば、受け手には伝わりにくくなるし、聞き取れても理解し消化することはさらに難しくなる。特にフリートークを挟む情報番組では、早口のアナウンサーやタレントさんが確実に増えたと感じている。

制作者側が、集めた情報を詰め込もうとして伝える量が増え、それに応えようとする読み手のスピードが速くなってしまう。これでは視聴者=情報の消費者を疲れさせてしまうと感じてきた。

特に若いアナウンサーと向き合うことの多かった「Oha!4 NEWS LIVE」のプロデューサー時代

「Oha!4 NEWS LIVE」のスタジオ

「Oha!4 NEWS LIVE」スタジオ（筆者がプロデューサー当時のもの）（写真提供：日本テレビ）

には、「ゆっくりでいいから正確に読もう」ということをよく話していた。制作者の都合で「情報洪水」を起こしてはならないと感じたのだ。さらに正確に視聴者に理解してもらうために、VTRの中でインタビューなどを受けて話をしている人の言葉を文字スーパーで画面に映し、内容が理解できるようになっているケースが大半だ。かつては外国語の場合のみ、人が話している部分に和訳の字幕スーパーを出すものだったのが、今は日本語でも出るものとなっている。これは、耳の不自由な方や作業をしながら見ている方などへの助けとなるということもあるが、もっと言うと耳のみならず頭でも理解をできるようにしているのだ。これであれば少し速いスピードでも理解をしながら見てもらえる助けにはなる。

このように、情報の理解度をどう高めるの

かという制作側の工夫が加わっており、情報処理を助けようという試みは進んでいる。

例えば新型コロナウイルスの人数であれば、数字を読むだけではなく、日々の変化をグラフにして見せることで人数の意味合いを同時に伝えることができる。さらにそのニュースを途中から見た人でも概要がわかるようにサイドスーパーといって、今、何のニュースを伝えているのか一目でわかるように画面にテキストを乗せる工夫もされている。

情報を、視覚、聴覚含めてどれだけ伝えられるのかを考え、テレビニュースは進化してきたのだ。しかし、映像と音声に加えて文字スーパー、さらにはサイドスーパーまで、どんどん情報が溢れたテレビ画面になっているという指摘もある。

情報を大量に発信していく中で「洪水」という災害のようにならず、いかにきちんと「消化」を視聴者にしてもらえるようにするのかが、制作者としては重要だと日々考え、向き合ってきた。

3

便利さの反面、失われる刺激

SNSのユーザー数は日々増え続けている。若い世代には生まれた時からスマホがあり、そのアプリであるSNSがあった。友人とつながる入り口であり、様々なニュースを得るツール、そして世界ともつながれる当たり前のコミュニケーションツールだ。しかし、**筆者のように1990年代後半に社会に出た世代にとっては、スマホもSNSもまだ新しいツールである。**このわずか20年のデジタル世代間格差は、情報と接するうえでは非常に大きな差になっていると感じる。

そこで時計の針を30年前の1992年に戻したい。この時はまだSNSなど世の中には存在をしていない。そこから現在のSNS生活にどう変わっていったのかを振り返りたい。

1992年、筆者は大学の英語の講義で見た映画「ガンジー」に大きな衝撃を受けた。インドという国のエネルギーに何としても触れたいと思い立ち、1993年の春休みにとにかくインドに行こうという熱意が沸き立った。しかし、当時インドのことがわかる資料で身近にあったのは、海外旅行の定番ガイドであった『地球の歩き方』（当時、ダイヤモンド・ビック社発行）とインド政府

インドの首都デリーの様子。1993 年 3 月

映画製作が盛んなインドらしく、映画の看板がたくさんあった

観光局の資料くらいだった。あとは新聞の国際面でインドに関連した記事を見つけて最新状況を把握したり、為替レートを見たりという日々が続いた。

この間におおよその渡航費や滞在費を概算し、1月〜2月に受験生に不動産案内の冊子を配るという単発のアルバイトを増やして資金調達を急ぐことになる。まずは航空券を確保するために格安チケットを扱うHISに行き、カウンターで空き状況を調べながら日程を決めていく。

そして3月上旬。デリー国際空港に無事に到着し、夜間でも空港には人が溢れかえっているインドの熱気に圧倒されていると、機内で知り合った同じ大学生でインド旅行のベテランだという兄貴分に「このバスが安いから一緒に行きましょう」と声をかけてもらい、市内へとたどり着いた。安宿では、「初心者は土地勘のない夜がとにかく危ない」とか「詐欺師が多いから簡単に信じるな」などの手ほどきも受けた。

このように当時はSNSもスマホもないのでリアルタイムの情報はなく、テレビニュースや映画といったプロの映像を見て、旅行本のややタイムラグがあり一般化された情報で調べるしか現地の情報を得る手段はなかったのだ。あとは現地での旅の先輩による口コミが貴重かつ最強の情報源だった。

そこから25年の時を経て2016年、ブラジルで開催されたパラリンピックのために出張した際

2016年9月、パラリンピックのロケでブラジルに

リオデジャネイロにあるマラカナンスタジアム

にはどう変化をしたのか。この時は会社の打ち合わせでも「ブラジルの治安は悪い」「ファベーラ（貧民街）から窃盗団が街に来ている」という情報から、「ジカ熱が広がっている」という情報まで、危険な話のオンパレードだった。

治安が悪いという情報ばかりが入り、「空港からのタクシーで違うホテルに降ろされたらどうしようか」というのが最初の不安となった。ここで活躍をしたのが「Google Earth」だった。当然ながら手にはスマホがあり、ホテルの外観はもちろん、海からどのくらいの距離なのかまで含めて周辺の景色も頭に叩き込んでいた。

当日、不安は的中し、アバウトな運転手は似た名前のホテルに到着をして「ここだ」と言う。しかし、景色を画像から頭に叩き込んでいた筆者は「ここではない」と話した。運転手は「初めてのブラジルなのになぜ違うとわかるのか？」というので、「Google Earth で見てきた景色と異なる」と答えると、運転手は絶句して必死にホテルを探した。

ホテルに到着すればすぐにＳＮＳで到着の写真とメッセージを日本に送ることもできた。地球の裏側を事前に知り、到着後は即座に伝えることができる時代。この25年で劇的に変化をしたのだ。

旅行本のわずかな写真と情報でイメージを膨らませていた時代と、路地裏まで景色を事前に見ることができ、当日の天気までライブカメラでわかる現在。この25年で、事前に得られる情報量は圧倒的に増え、治安への対策などを考えると飛躍的に便利になったと言える。

写真撮影でも、フィルムの残り枚数を意識しながらどこで写真を撮るのか計算し、帰国したら焼

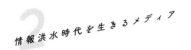

き増しをして旅先で住所交換した人に手紙を添えて送っていた時代から、スマホのカメラで何回でも取り直すこともできれば、動画を撮影もできる時代になった。そしてすぐに写真をシェアすることもできる。個人情報という意味でも、住所を交換していたというのは今思えば怖さもある。しかし実は現在のデジタル社会では、どこを移動し何を消費したのかなど、もっとたくさんの情報が知らぬ間に把握されている。

適切な言葉が見つからないが、インターネットで事前に何でも把握できる利便性の反面、知らない国の未知の空港に1歩降り立った時の高揚感や、空港のアナウンスからの情報を必死に聞き取る緊張感は薄れてしまった。安宿のまわりのあらゆる情報を見落とさないように緊張感を持ち、街の匂いまで頭に叩き込み、そして同時にワクワクしながら歩いたデリーのメインバザールでの光景は、今も鮮やかに頭の中に残っているし、そこに戻れば今でも迷わずに歩くことができる。時代の変化に優劣をつけるつもりはないが、情報量が圧倒的に少ない時代ゆえに、感性豊かな年代にリアルな刺激をたくさん受けることができたのだと思う。

このように、デジタル化により流通する情報量は国境を越えて飛躍的に増え、便利な世界になった。しかし同時に、デジタルによる世代の分断が社会に大きな影響を与えている。例えばリアルでの議論の経験や実際に見て考える経験が少ない世代は、ネット情報を鵜呑みにしてしまいがちだ。実際に筆者が教えた大学や予備校でも「陰謀論」にはまってしまった経験を持つ若者が複数いた。

25年で旅はどう変化したか

	1993年　インド	2016年　ブラジル
事前にわかる景色	・旅行誌の写真 ・ニュースでのプロ映像	・Google earthの景色 ・SNS投稿写真、動画
到着時の情報	数年前の旅行のデータ	・現地のライブカメラ ・現地紙のリアルタイムな天気や為替
旅行者の生の声	口コミ	ブログやSNS

一方で、デジタルを使いこなせない高齢者は、何かに申し込むという社会的な手続きすら難しくなりつつある。

デジタル化、ネットやSNSの普及、もちろんこれらは使いこなせば便利なものばかりで、もはやなくてはならない社会的なインフラである。しかし何でも映像で把握していることで、白地のキャンバスのままで被写体と初めて向き合う、未知との興奮を伴いながら絵を描いていく楽しさを失わないようにするにはどうすればいいのだろうかと思う時がある。先に著名画家の絵画を見ながら模写しているとしたら楽しさは半減するように思うのだ。

4

個人情報をどう管理していくのか

デジタルしか知らない世代は、手紙を書き、切手を貼り、ポストに投函することは「わずらしいこと」と感じるのかもしれないが、個人情報は大切に手帳に書かれ、それを落とさない限り知られることはなかったし、落としてもデジタル化されていない時代には悪用される確率は低かった。メールのように無断で転送することはできなかったし、インターネットバンキングに入り込むこともなかったからだ。昔の小学校の卒業アルバムには当たり前に卒業生の住所と電話番号が無断で記載されていたが、これを頼りにハガキを出せるため、同窓会を開くために必要な情報だった。

もちろんこうした個人情報は紙で管理されるものだったがゆえに、名簿を売り買いし有料で閲覧できるサービスを提供する怪しい業者もいた。しかし広告活動に利用する事業者か、限られた悪意のある人しか利用しなかった。

今は卒業アルバムとはいえ、個人情報を簡単に記載することはないだろう。しかしデジタル上でつながっていれば、転居しようが連絡を維持することは未来永劫可能になる可能性が高い。

世界がＳＮＳなどでリンクしている状況は、顔も名前もリアルに知らない人の個人情報が検索できて、バックグラウンドを知ることができる。さらにはネットを通じて重大な個人情報が意図せずとも流出してしまうと、これまたリアルでは顔も知らずに接点すらない人に地球の裏側で悪用されてしまうリスクもきわめて高い時代になった。筆者も何回か、クレジットカード会社から「アメリカで航空券が買われていたからカード番号を変更したものを送ります」というような連絡が来たことがあった。海外で使用したり、海外経由のネットで商品購入をしたりする被害に遭うことが多いようだ。

しかし今やカード会社も手慣れたもので請求もこないし、保険で対処できるようだ。ただ、これも20年前には、「風俗店で利用でもされましたか?」とあらぬ疑いを向けられたり、「調べるのに時間を要するので一度は引き落としをします」ということを言われたこともあった。不愉快な思いをしたうえ、さらに不正利用された額を一度払うという不都合は減ったが、気持ち悪さは変わらないし、ネット犯罪がこれだけ増えており、気軽に犯罪に足を踏み入れることを誘発しているとすれば恐ろしいことだ。

社会的に大きな影響力を持っている政治リスク専門コンサルティング会社、ユーラシア・グループをつくっている政治学者イアン・ブレマーが、国際問題の専門論文誌「FOREIGN AFFAIRS」(米外交問題評議会発行)に、「400年間、国家が国際政治の重要な要素だったが、今変化している。Amazon、Apple、Facebook、Google、Twitter というのはもはや単なる大企業ではなく、国が長く独占してきた社会経済安全保障の領域にも影響力を持っている」と分析をした。

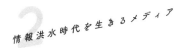

SNSの歴史

1996年	… 電話回線を利用したインターネットの時代
2000年	… 検索サイトを使う人が増加。「Yahoo!」から「Google」などへ拡大。
2004年	… 「mixi」「GREE」など、ネット上の交流サイトがサービス開始
2007年	… 「YouTube」日本語版スタート
2008年	… 「Twitter」「Facebook」日本語版スタート
2013年	… 「LINE」開始
2014年	… 「Instagram」日本語版スタート

この根拠として、監視国家でもできなかった、個人の膨大なデータを読み取れるようになっていることを示した。爆発的に増加しているSNSユーザーは、とんでもない力をGAFAと呼ばれる企業に提供をしているという警鐘とも言える論文だった。

実際に、デジタルを苦手だと思っている世代も、デジタルが当たり前の世代も、GAFAによって何を吸い取られているのかに気付き、自衛をしなければ、ツールを使いこなせていても情報を吸い取られていることに変わりはない。

筆者の対策について言うと、まずはGPS機能をオフにするようにしているほか、個人情報を登録するメールアドレスとSNSとリンクしているメールアドレスを極力別々にするようにしている。さらにはクレジットカードも、ネットで登録するものと、その場で使うだけのものと何種類かを使い分けている。名前の字を少し変えるケース、生年月日に意味がない場合には嘘の誕生日を書くなど、情報を登録する際には細かく意識をしている。

しかし正確に書かなければ利用できないものや、クレジットカードとリンクしているものも多く、電話番号やクレジットカード情報と紐付ければ個人情報を特定されてしまうしかないケースも多い。さらには、対策を手厚くするほど複雑なパスワードが必要になっていくなど、デジタルセキュリティを高めることが大変な時代になっている。物忘れしやすくなる高齢者は、頻繁な登録や時折のパスワード変更など、どう対応していくのだろうかと心配になる。

このように、デジタルが社会生活に欠かせないインフラとなり、使わなければ相当不便な現代社会において、どう個人情報を意識して、守りながら生きていくのか、具体的な対策を個々人でも取ることは情報化社会の中で大事な基礎的なスキルとなっている。

5

SNSによるニュースの弊害

2010年代以降、人々にニュースを伝える役割の主役に躍り出たのが「スマートフォン」である。人々が「情報洪水」と感じる要因にスマホが大きく関係していることは、博報堂DYメディアパートナーズが2022年1月から2月にかけて東京でまとめた「メディア定点調査」からも浮き彫りとなっている。

この調査の中で、2006年から2021年までの間にメディアとの接触時間で一番伸びたものは「携帯電話・スマートフォン」だった。スマホの普及と比例して、メディアと接する時間も全体では増えており、パソコン、タブレットの増加も顕著である。逆に、どのメディアと接する時間が削られたのかといえば、テレビは若干少なくなっている。新聞・雑誌はかなり減っている。総合的に見れば、活字はスマホやタブレットで読み、紙で読む時間というものが削られていることがわかる。

さらに年代別では、男女ともに50代以上というのは実はまだテレビを見る時間というのは圧倒的

「メディア定点調査2022」より

メディア接触時間

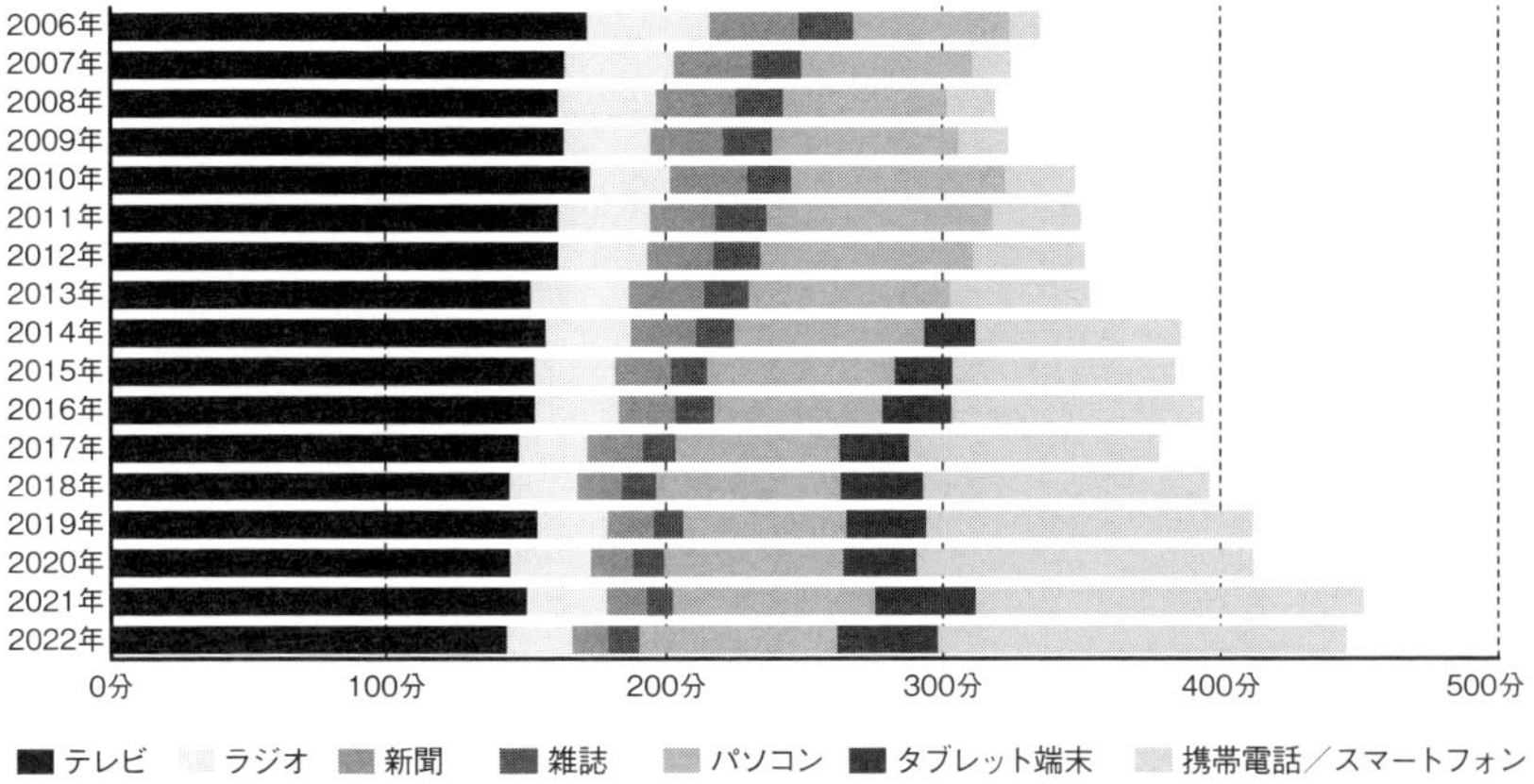

年代別メディア総接触時間

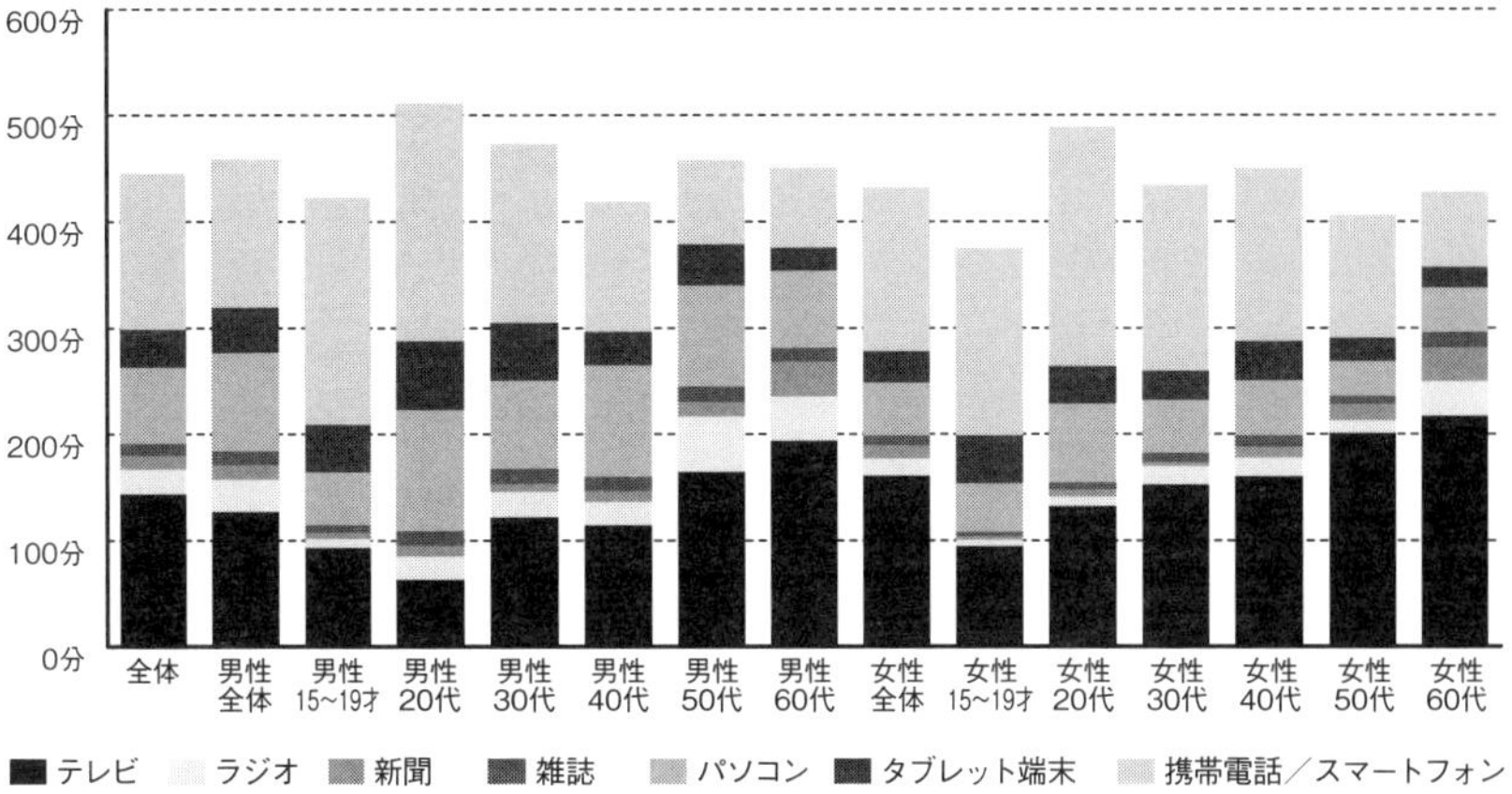

調査期間：2022年1月20日～2月4日。アンケートは東京都の対象エリアに在住の15～69歳の男女個人が対象。標本抽出方法はRDD（Random Digit Dialing）。
メディア総接触時間は、各メディアの接触時間の合計値、各メディアの接触時間は不明を除く有効回答から算出。タブレット端末は、2014年より調査。
出典：「メディア定点調査2022」株式会社博報堂ＤＹメディアパートナーズ　メディア環境研究所
https://mekanken.com/mediasurveys/

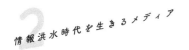

に多い。40代女性も同じ傾向だった。しかし男性の40代以下と女性の30代以下になると、テレビよりも携帯・スマホに接する時間のほうが多い。中でも、コロナ禍において定額制の動画サービスがぐんぐん伸びたのは社会の状況を大きく反映している。コロナ禍で在宅時間が増えると、メディアと接する時間が伸びたことがしっかり反映されていた。

この調査からは30代以下では圧倒的にスマホとリンクして情報と接していることが浮き彫りになっている。もはや「紙媒体は新聞、電波媒体がテレビ」という時代ではない。**どのメディアであれ、デジタルとリンクして、マネタイズをしていかなければ生き残っていけない時代**を迎えていることをひしひしと感じている。

この影響が若い人にどう出ているのかを示しているのが、読売新聞と電通総研が共同で小学4年生から中学3年生の6300人にニュースとの接し方を調査したものだった。

この結果によると、**「スマホなどを通じてSNSからニュースを知る」**という回答が、全体では56・3%で、中学3年生のみの回答では75%である。さらに中学3年生の84%が「自由にスマホを使える」と回答している。高校生になると圧倒的な割合の生徒がスマホを自由に見ている。

その一方で、「誰が発信したのか情報源は確かめていない」という回答が半分近くを占めていた。つまりスマホを通じて検索サイトやSNSでニュースが拡散されても、誰が書いたのかわからない、あるいは注意をしないということが、若い人の間では一般的な事象であることを現わしている。

「こどもの『ニュースの読み方』調査」より

ニュースをSNS経由で得ている

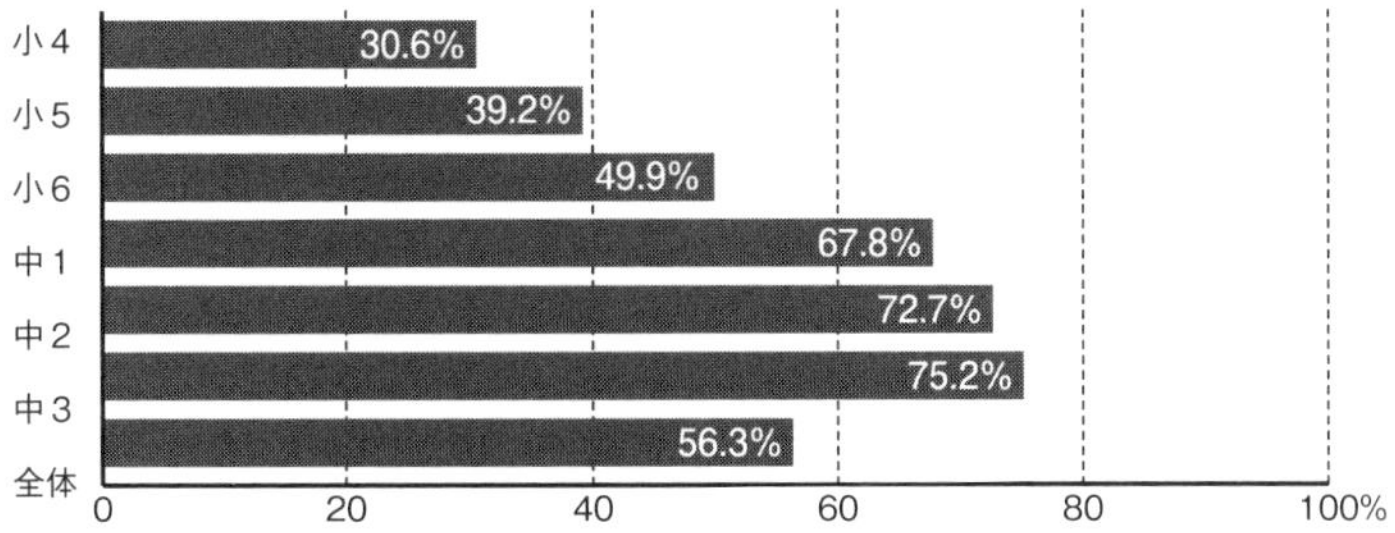

自分のスマホをいつでも自由に使える

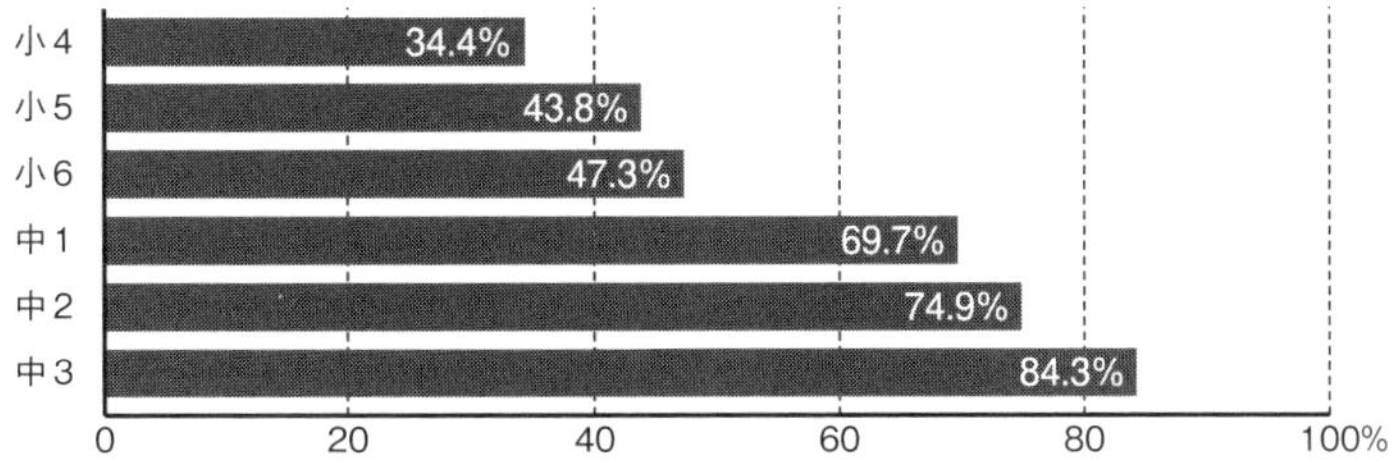

インターネットやスマートフォンでニュースを見たり聞いたりするとき、誰が発信しているのか、どの報道機関が伝えているのか確認しているか

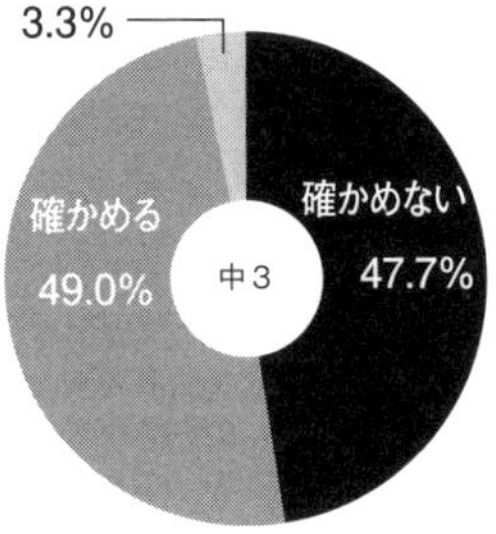

調査期間：2021年9月〜10月。小中学校42校、小4〜中3までの計6302人が郵送またはウェブで回答。
出典：「子ども『ニュースの読み方』調査」電通総研　https://institute.dentsu.com/articles/2439/

これらの調査から見えてくるのは「情報洪水」をニュースに絞って考えると、ニュースの内容を消化しきれない「量」の問題のみならず、**ニュースを見極める「質」としても消化しきれていないことが浮き彫り**となっている。具体的には、**「ニュースソース」への関心が低下している**ことを「質」の低下と定義したものだ。

3章で考えていく「フェイクニュース」にも大きく関わるが、わかりやすくこの現象の怖さを伝えるために、筆者が講師を務めて「メディアリテラシー教育」を行なっている大手予備校の早稲田塾の講義での事例を紹介したい。

男性向け週刊誌の「思春期分析企画」、ビジネス雑誌の「金持ちへの王道企画」、ニュース専門誌の「危ない超加工食品特集」を受講生に見せて、どう考えるのかを議論した。

実際に雑誌の現物を示しながら議論をすると、男性週刊誌の内容には表紙からしていかがわしさが漂うことになり、アンケートによる生声を中心とする構成もあり、懐疑的に読み解こうとする。しかしビジネス雑誌やニュース専門誌では、当事者が否定している報道もあるが、そのブランド力で肯定的に入っていくケースが多かった。『金持ちへの王道』があるのであれば、誰も苦労はしないだろう」という前提を疑うこと、そして株が上がるということは誰も予見し得ないということに考えが至りにくかった。ましてこれらの記事のニュースソースは公的なものでも、シンクタンクでもない。評論家や一般人のソースであった。

さらに中身を丁寧に読むと、「投資向きは男か女か?」という記事があり、ジェンダー平等の視点に引っかかりそうな見出しに驚愕した。投資は経済全体を見る洞察力や、決算を読み解く知識が重要なのであって、性別は関係ないだろう。また「超加工食品」なるものは、どんな加工食品だろうか。きちんとした定義があるのか。

このようにまだ情報を読み解くことに未熟な若者が記事の根拠やニュースソースを意識せずに、事実であるかのように様々なニュースをスマホで読んでいくということには、制作サイドとして大きな危惧を感じた。

特に一部分だけを記事から抜き出し、「〇〇の食材は癌になる」や、若い世代の関心が高い「△△を食べると太る」など、医学の根拠から遠ざかった断片情報が一人歩きすれば健康被害を助長しかねない。雑誌の世界でもネットに負けない「強い見出し」で勝負をしているのが実情だとわかる。

「情報洪水」と言われている事象の中で、ネットの世界では必要以上に関心や興味をあおる過激な見出しが増えており、きちんと情報を読み解くためにも、公共メディアとして責任ある編集をすることの重要性をメディアの一員として強く感じている。そして編集というものが、情報の消化を助けるために重要な役割を果たしていることがわかる。

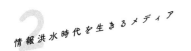

6

プロデューサーとは情報の「生産者」なのか

よく聞く「プロデューサー」というテレビ業界らしい肩書きは、報道番組においては何も華やかではない。まずはニュース番組を**レストラン**にたとえ、たくさんのスタッフの仕事を経てお客様である視聴者に料理であるニュースが届けられるまでを話したい。

曜日別などで放送を現場監督する立場、つまりは料理のメニューをその日ごとに考えたりするシェフにあたるのが「番組デスク」である。実際に、材料を切り、焼いたり煮たり調理をするのは、コックであるディレクターたちだ。ディレクターの作業が円滑に進むように支えるのがコック見習いのAD（アシスタントディレクター）である。そしてかっこよくお酒をサーブし、料理との相性などをお客様である視聴者に説明をするソムリエがキャスターだろうか。

さらにはスタジオでの進行を担う、ウエイターのような役割、カメラや音声、照明などの技術的なことを担うスタッフもいる。そして、ニュースだけでなく、気象やスポーツ、エンタメといった専門領域のコーナーを担うディレクターもいる。いわばデザートを担うパティシエのようなスペシャリストだろう。1回の放送に関わる人数は、新聞、雑誌、ラジオといったメディア、さらにはインターネットメディアと比べれば、かなり多く、テレビという世界が「体育会」であると言われる所以だ。

そして最後にプロデューサーというのは、何かを「生産」するというよりも、レストランの責任者である。どのようなコンセプトのレストランにすればよいのか、大きな方針を掲げ、料理人たちを束ね、仕入れルートの開拓や原価や利益の管理という料理の採算管理から、調理方法が適切であるのか、品質に問題がないのかなど、顧客に出す直前までのリスク管理まで行なう。

今時は、スタッフの健康管理や労務管理も欠かせない。しかし、お題目を上から言うだけでは人はついてこない。現在はすべてのスタッフが仕事をしやすい環境にあるのか、はたまた、彼らの人生にどうプラスになる番組であり、仕事のキャリアを育成していくのかまで気を遣わなければならない、まさに**「コンプライアンス時代」**である。

きめ細かく業務の相談に乗ったり、コロナ前の時期には一緒に旅をしたりもした。人生の相談に乗ったりもする。このように番組スタッフの士気を上げるのも仕事。ささやかな忘年会では、福引きの景品を社内各所で集めるのもプロデューサーの仕事である。

スタッフを大事な〝人財〟と考えて、一人ひとりの人生を守る責任があるとの思いで、このプロデューサーという職責を果たしてきたつもりだ。

このようにしながら、多くのスタッフが力を合わせてニュース番組にとって最良の食材である「鮮度高い事実」を掘り起こしてお客様に提供することを導かなければならない。

ニュース番組プロデューサーの仕事

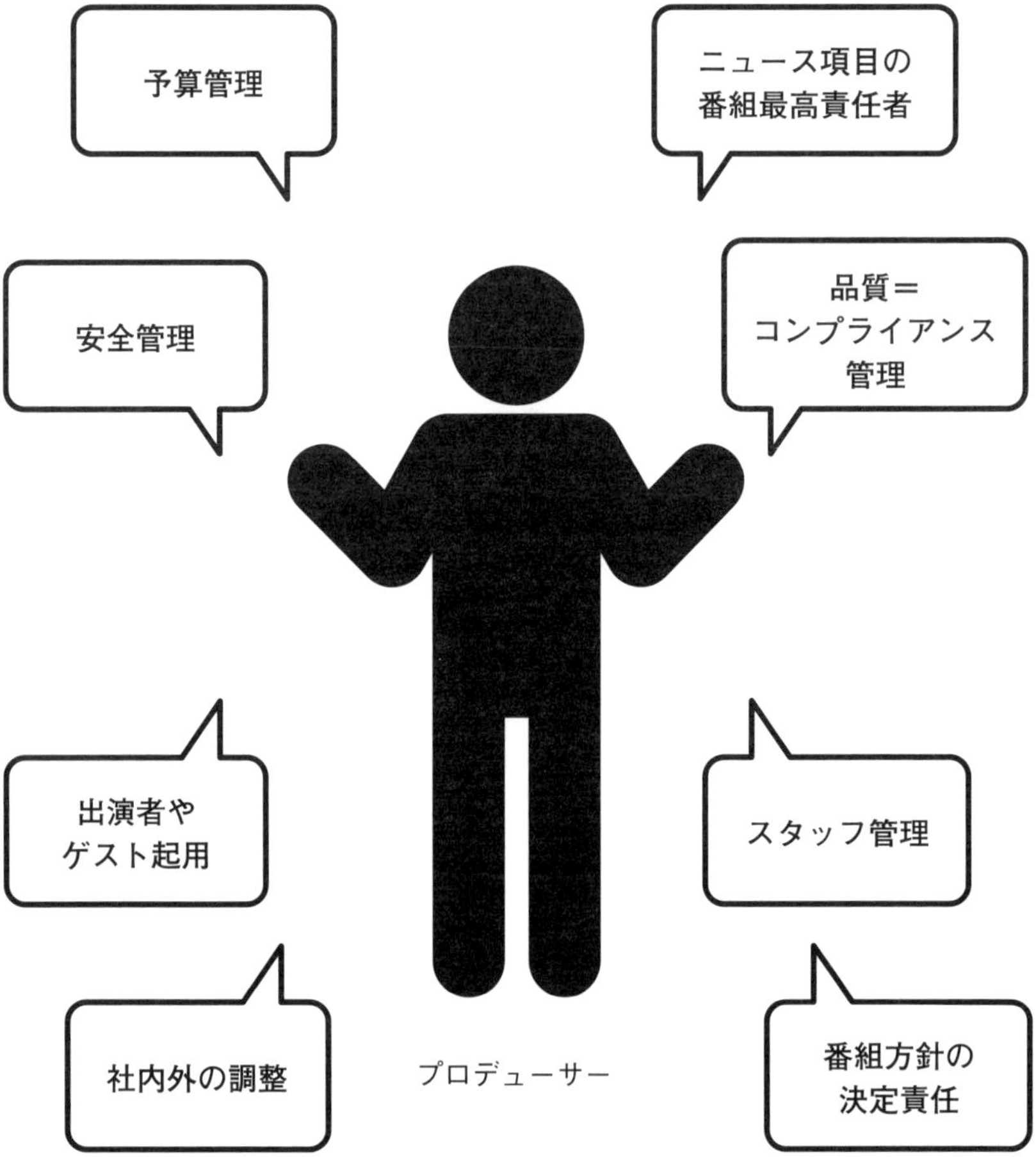

そして政治部や経済部といった専門性を持つ取材部門と異なり、**あらゆるジャンルのニュースを毎日見て、意味合いを考え、視聴者の関心を考え、そして取り上げる項目を最終承認する責任者がプロデューサー**である。つまり日々ニュースを見て知り、視聴者との橋渡しをすることで、ニュースから読み解ける世界の課題が見えてくる。

ニュースを知り、読み解き、背景を聞いて、そして視聴者の目線を考え、視聴率でその結果を知る。この繰り返しを毎日反復運動のように行なうことで、得られる感覚だと思う。ただ、ニュースを読み解くコツはある。それを本書の読者の皆様に伝えたいと思う。

まずは「**ニュース番組の仕組みを知ること**」、そして「**ニュースを選ぶ感覚を知ること**」。そして「**テレビニュースの癖を知ること**」、最後に「**ニュースを消化し、人生に役立てること**」である。これが日々情報に向き合うことで得られるプロの感覚だ。引き続き、後章で様々な事例とともに考えていきたい。

7

なぜテレビ局がSNSでも発信するのか

「情報洪水」の主役となったネットだが、2000年代にはテレビ業界にとっては対立する存在だと受け止める傾向が強かった。しかし、2010年代にはテレビを見ながらスマホを見る、スマホを見ながらテレビを見るという視聴スタイルの人が増えており、スマホ画面を**「セカンドスクリーン」**という呼び方をしている。

例えば、ニュースを見てわからないことがあればスマホで調べる。映画を見ていて「これはいつの作品だろうか?」「主人公は誰だったかな?」など疑問点が浮上すると、その場でスマホを使い調べる。さらには、テレビで放送されていることが、SNS上で盛り上がり大きな話題となることもある。当然、テレビの側も、事前に番組がSNS上で盛り上がるよう告知を発信したりするなど、リアルタイム視聴につなげようとする。**「テレビとSNSは、実は補完しあう関係ではないか」**そんなふうに見方が変わってきている。

筆者は「news every.」のSNS発信には力を入れて取り組んだ。そこで意識をしたことは、「デジタルは若いディレクターが司令塔になろう」という考えだった。40代のベテランディレクターではなく、SNSを日常的に活用してきた30代の若手ディレクターと20代のADという組み合わせのチームで日々の運用を考えてもらった。

筆者が最終形を毎回確認はするものの、それはあくまでも炎上のリスクを避けるだけに徹した。極力、若い人の感性を大事にしながらSNSコンテンツの制作をしてもらっていた。事実、彼らはスマホで撮影し、スマホですぐに編集をする。文字入れや画像編集もみるみるスキルを上げていき、素晴らしい上達スピードだった。

公式Twitterでは、「テレビ画面で伝わらない出演者の魅力」に着目し、例えば、藤井貴彦キャスターは実はお酒が大好きだとか、中島芽生アナウンサーは宝塚の大ファンで自身もかつて目指していたこと、伊藤遼アナウンサーのアニメオタクぶりなど、放送では出てこない個性を存分に発揮してくれた。さらにはモノマネが得意だと自称する河出奈都美アナウンサーのネタ披露が定番になるという想定外の動きまで出てきた。加えて、かつてアイドルグループに所属していた市來玲奈アナウンサーは、さすがのデジタルコンテンツ慣れをした愛らしさを前面に出していた。ここに出演者全員の事例を書ききれず申し訳ないが、ぜひチェックをしてもらえれば画面とはまたひと味違う出演者全員の魅力を感じていただけると思う。

動画をアップする前には、グループ連絡網で筆者がチェックの回答を行ない、最終的なGOを出すのだが、その際には「爆死！」とか「ありきたりだ」とか、筆者もネット的に感情を前面に入れて返信するよう意識して楽しみながら取り組んだ。

ニュース番組でのデジタル活用

● アナログ時代

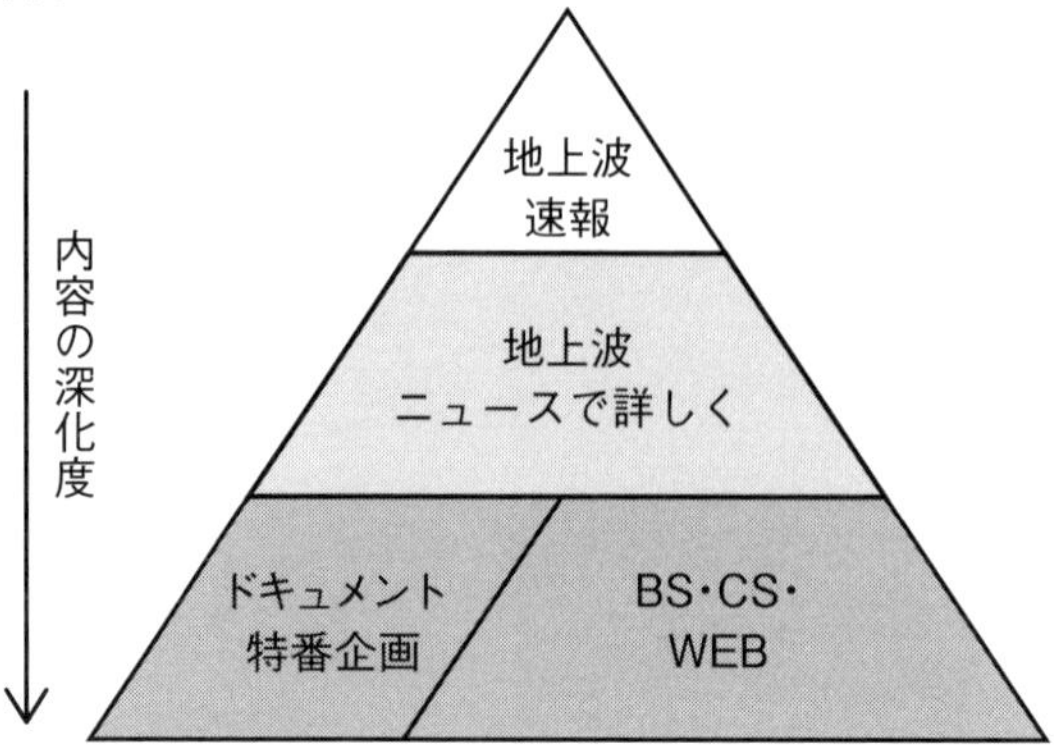

● デジタル時代

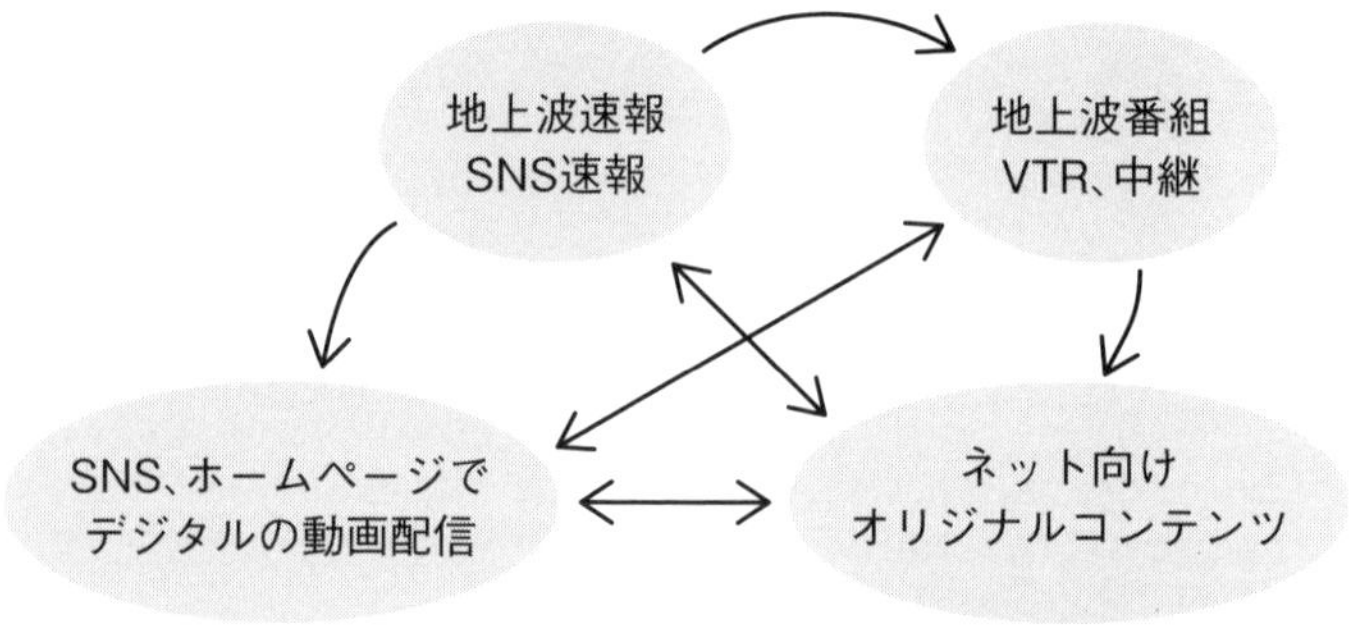

「news every.」公式Twitter（写真提供：日本テレビ）

こんな出演者たちの魅力をＳＮＳから知ってもらうことで、リアルタイムでテレビを見る際に、より身近に感じてもらいたいと考えている。

柔らかい話からＳＮＳを展開しているように感じるかもしれないが、ニュースの速報は放送画面の上部に出すと同時に、ネットでも発信し、ＳＮＳ上での集客も狙っている。もちろん速報を見た一定数の人が、地上波で詳細を知りたいとテレビをつけてくれるであろうことも期待されている。

ニュース速報は、かつては地上波の放送画面に表示して終わりだったが、今はネット上にも速報を出すことで、より多くの人が見てくれることをテレビ局も理解をしているのだ。地上波ニュースで流したものはネットで再生することもあれば、ＢＳやＣＳのニュース番組で再放送もされる。

そして番組の放送後には、放送で使いきれなかった、泣く泣くカットした素材を「こぼれ話」と題してネットコンテンツとして展開するような試みもはじめた。

このように、**デジタルと地上波はハイブリッドに相乗効果を発揮している時代**に入ったと考えている。このような時代だからこそ、テレビ局もＳＮＳを活用しているということになる。

8

スマホでの「映像洪水」もニュースを変えた

筆者が日本テレビに入社した１９９６年には、携帯電話はあったものの通話するだけであり、メールもカメラも携帯電話の機能としては備えていなかった。そもそも会社のパソコンに個人用のメールアドレスすらなかった。この年から２０２２年までの26年間で一気にデジタル技術が進歩し、取材および放送の環境が激変することになる。これはペンとＥＮＧカメラ（肩に担ぐタイプの映像用のカメラ）といういわば剣と銃、さらには中継車という戦車で戦っていた軍隊に、スマホとパソコンと中継アプリがハイテクなステルス戦闘機のような装備が投入されたようなものだ。

中でもスマホは取材を大きく変えた。

筆者が入社した頃には、火事の現場にカメラマンと記者が到着して、映像を撮るのが先か、目撃者のインタビューを撮るのが先かで大げんかになったと言われる伝説があるくらいＥＮＧカメラの役割は重要だった。火事の映像を撮る際にはカメラがふさがるので、並行してインタビューを行なうことができなかったのだ。今であればスマホでインタビューを撮影したりできるだろうが。このような撮り直しのきかない時代だけに、報道マンは他社に先駆けていち早く現場に到着し、少しでも発生感のある映像を押さえることは重要な使命だった。

先輩記者からは、「カメラマンの機嫌を損ねればよい映像は撮れないぞ」とも教えられ、カメラマン、記者、音声、ドライバーと、少なくとも4人のチームでいかに協力しながら取材をするのかが、テレビ記者の仕事で重要な心得だと叩き込まれてきた。

しかし、現在では発災直後の映像や事故発生の瞬間映像など、生々しい映像の大半は**「視聴者撮影」**というクレジットで紹介されることが多い。街角に居合わせた方々がスマホで撮影した映像だ。画角が曲がっていたりしても、**発生瞬間の映像はどんな立派なカメラマンの完璧な映像よりも強いインパクトを持つ。**今は、毎日のニュースの中で、視聴者撮影の映像が流れない番組はないと断言できるほど存在感を増している。

このスマートフォンでの撮影というのは「飛び道具」であり、簡易に誰でも撮影ができる。電車内で火を放ち、人々を刺すような事件があった際には、乗客たちが避難をしながらスマホのカメラを回していたので、火の手が上がる瞬間の映像を入手して放送した。これは各社同様であるが、こうした映像の投稿を募集しているし、ＳＮＳ上にアップされたものはこちらからコンタクトを取り、入手するべく動いてもいる。

もちろん**真贋確認はきわめて重要であり、フェイクの映像でないのかは確認をしたうえで放送を行なっている。**自分の映像の拡散を狙い、関係ない映像を混ぜて編集したり、悪意がある場合には

21世紀は映像量の爆発

20世紀

「情報量」の爆発

通信技術の向上で、情報が速く世界中に伝わるようになった。記事量、写真量、プロの映像。

21世紀

「映像量」の爆発

20世紀のプロの映像に加えて、SNS・スマホを使って、一般人が「その瞬間」の映像を拡散。ドローンなどの特殊で新たな機材も。

嘘の映像投稿で情報を混乱させようとするケースもある。

国内の事件や事故のみならず、ウクライナの戦争や世界の大災害に至るまで、あらゆる映像が撮影されてはＳＮＳにアップされ、それが大手メディアを通じて世界中で放送されている。20世紀を情報量の爆発だとすると、21世紀は映像量の爆発だとも言えるだろう。さらに映像の情報としての重要性が飛躍的に増したのだ。

もちろん報道カメラマンは映像の意味や説明力など、あらゆる意識を持ち撮影するプロであり、存在価値が薄くなるのではなく、ますます本来の役割は大きくなっていることも付記しておきたい。

スマートフォンのリスクとしては、政治家や財界人が「オフレコ」のつもりでうっかり放言をしてしまうと、鞄やポケットの中のスマホで録音や録画をされているというリスクも生じている。ある女性政治家が秘書に暴言を吐いている音声がメディアを騒がせたこともあった。さらには偶然居合わせた人が何気なく手に持っているスマホで隠し撮った芸能人のスキャンダルが明るみに出るというケースもある。

小さなスマホでは、撮影ボタンが押されているのか、よほど気をつけなければわからない。同様に投稿者がスマホで撮影した素材も、映り込んでいる人が取材を受けていると理解していなかったケース、テレビで放送されるとは予期していないケースもある。放送に際してはそのスクープ性の高さや公益性を踏まえても、十分に撮影されている人への配慮を行なうことも必要だ。

このような機動性の高さから、「告発型映像」としてスマホ撮影による素材が世の中に出てくることも珍しくはなくなった。ただ、インパクトは強いものの、**誰かを追い落とす目的で撮影されたものは、双方の言い分をきちんと取材しなければ、そのインパクトだけで善悪のレッテルを貼ることにつながりがち**である。だからこそ慎重な裏付けと当事者取材をすることが必要で、双方の見解を含めずに伝えることはできないものだと考えている。

告発型の動画に安易に乗ることなく、冷静に対応しなければ**「動画センセーショナリズム」**にメディアが利用されてしまう。そこが公共メディアとネット投稿の重要な境でもある。

スマートフォンは動画の撮影ができるのみではない。スマホの中に「簡易中継」をできるアプリをインストールすれば、かつてのように大きな中継車が到着して、何本ものケーブルをつなぎ合わせなくても、簡単に世界中から瞬時に中継を行なうことができるようになった。

記者なりディレクターなりが一人で現場に急行、あるいは現場に居合わせた際には、スマホで撮影をし、さらには中継まで行なえるようになった。こうなると、ライブ（生）の映像も爆発をしていると言える。

このケースでも同様で、その場にいる人はまさかスマホから全国ニュースで中継をされているとは思わないケースもあるだろう。やはり撮影の許可や周囲の人への配慮なども、瞬時に判断することが必要になる。

9

「情報洪水」に翻弄される消費者

「情報洪水」の弊害として指摘されたことのひとつに、テレビ放送初期の時代には「映像のインパクトで本質を考えなくなった」と指摘をされている点があった。

有名な事例であるが、1960年9月26日にアメリカ大統領選挙で初めてとなる候補者同士のテレビ討論会が行なわれた時のことである。

民主党候補のケネディ上院議員と、共和党候補のニクソン副大統領で行なわれたものだった。この討論が行なわれたあとの世論調査に対して、ラジオで討論を聞いた有権者はニクソンが勝利すると答え、テレビを見た有権者はケネディが勝利すると答えた。

このテレビ討論会を機に、候補者のビジュアルを見た有権者の流れはケネディに移り、支持を拡大して当選を果たした。テレビで見た有権者は、若き候補者ケネディのさわやかさに魅了され、ブームを巻き起こしたと言われている。

事実、筆者が各所の講義でこの話をすると、ほぼ100％の学生が「ケネディのほうがハンサムである。さわやかである」と回答をしている。中には「私の好みでは〜〜」と、主観的であることにも言及をしながら明言するリテラシー力の高い学生もいて感心した。

このように、ビジュアルなどテレビを通じた政治家の印象が有権者の投票行動に大きな影響を与える状況を、政治学者たちは**「テレポリティクス」**と定義している。この状況が政治をテレビショー化して、政策論争の中身などが伝わらなくなったという批判が、テレビの影響力が強まる1960年代のアメリカで起きた。

時を経て2016年の米国大統領選挙で、トランプ大統領が誕生した時には**「SNSポリティクス」**という言葉が使われた。もはや**テレビではなくSNS上で、政策論争というよりも、偽物の情報も含めて多数の誹謗中傷やレッテル貼りが拡散され、選挙戦に影響を与えた状況を指す**言葉として使われた。

SNS上では様々な政策論争も展開をされてはいるものの、それを有権者が真摯に踏まえて実際に理解することへのハードルもあるのが実情だ。手っ取り早く、イメージでの誹謗中傷に熱狂をしてしまいがちな状況が、SNS上で選挙戦が展開をされ影響を与えたことは否定できない。

こうした結果、「iSide With」というサイトがイギリスにできた。ここでは、設問に回答をしていくと最適の政党を判断してくれる。イギリスでは500万人が登録をした。「政党クイズ」と称しており、政策ごとに自分が賛成か反対かを答えていく形式である。

その後、世界中で類似のサイトが立ち並び、日本でも同様の現象が起きている。前回の衆議院議員選挙では、選挙特別番組でも同様のサイトが立ち上がり、若者の積極的な投票を促進することを狙った。

テレビ時代、SNS時代、いずれも新しい影響を与えるメディアが登場すると、その政治行動への弊害も指摘をされてきた。しかしその弊害を解決しようとするのもまたメディアであり、賢くメディアを活用していくことで、修正につながっていくと考えている。

講義中、「ケネディかニクソンか」というビジュアルを判断する質問の際、「私の見解では〜」と答える生徒がいるなど、近年、意識の高い高校生たちは「ルッキズム」への関心も高く、ビジュアル全盛と思われているSNS時代ゆえの問題意識もむしろ若い人たちから芽生えている。デジタルネイティブ世代のたくましさを感じている。

10

なぜ「文春砲」は映像も撮るようになったのか

「文春砲」と称したスクープが連発されたのは、筆者が「Oha!4 NEWS LIVE」のプロデューサーをしていた時期だった。「ゲス不倫」と言われた芸能人の不倫を直撃するなど、ワイドショーを賑わすネタを連発していた。

かつては週刊誌の記者たちは、暴露的な写真を撮影していたのが、今は直撃の瞬間動画を撮影している。週刊誌記者が取材対象に突撃し、相手がしどろもどろとなる様子はこのうえない高揚感のある映像である。見ていると独自ネタを得た週刊誌記者のような気分になる。

しかしなぜこの動画を撮影するのかといえば、単純に動画の時代だからということではない。この独自アタックの動画がワイドショーに売れるからなのだ。

ものによるが、1番組1日の報道で10万円程度の「映像使用料」が請求されているようだ（当時）。それが各局のワイドショー番組ごととなれば、かなりの収益を週刊誌にもたらしているのは間違いない。

雑誌の多くは発行部数が低下しており、連動して広告主も雑誌媒体から離れていく傾向にある中で、活路につながる施策だと思う。さらに、LINEで一部記事の前出しおよび販売をするという、デジタルによるマネタイズに取り組んでいる雑誌もある。

しかし「Oha!4 NEWS LIVE」ではこうした雑誌の動画は原則として購入しなかった。インパクトある映像がほしくないのかといえば、視聴率を考えると嘘になるが、やはり競合相手である他媒体の映像をそのまま使用するのは抵抗感があるし、仮にその映像を購入したところで、当事者に直接接触しないまま放送することはニュース報道の原則から考えればあり得ないと考えたからだ。

デジタル化、媒体を交えて営業収益を上げる戦略はかつての新聞、テレビ、週刊誌といった「縦割り」を超えて戦う仁義無き生き残りをかけた時代に入ったことを示している。「文春砲」にはいろいろな批判もあるが、雑誌ジャーナリズムの強みを再構築し、戦いを仕掛けている姿勢は同じメディアの人間として率直に「すごいな」と感じた。テレビは「オワコン」などとネットでは言われているようだが、まだまだ多くの人が信頼して見てくれている。雑誌のこのような断崖絶壁からの反転攻勢に負ける訳にはいかないし、底力を出していかねばと強く感じる。

3章

フェイクニュースとの戦い

1

フェイクはなぜ発信されるのか

ネットの世界でねつ造されたニュースのことが「フェイクニュース」という言葉で表現されるようになったのは2016年の米国大統領選挙中のことだった。

「ワシントンD.C.のピザ店を拠点とした児童買春組織にクリントン陣営が関与している」というFacebookで拡散された偽情報や「ローマ法王がトランプ氏を支持した」など、たくさんの偽情報が拡散され、こうした偽情報の呼び名として広く定着した。特にクリントン氏の情報に関しては、この情報を真実だと信じた男性がピザ店で発砲をするという事件にも発展し、「ピザゲート事件」とも呼ばれ陰謀論の恐ろしさを知らしめた。

そしてトランプ大統領はこの言葉を偽情報としてだけでなく、自らの姿勢に批判的なメディアへのレッテル貼りの言葉としても好んで利用した。2017年1月11日、大統領としての記者会見の席でCNNの記者に対して「フェイクニュース」という言葉を使い、罵った。この時から、自らに懐疑的な報道をするメディア自体を批判する言葉として使うようになっていく。

さらにトランプ前大統領が生み出したこのスローガンは、コロナ禍での米中対立でも多用されていき、トランプ前大統領どころか、多くの政治的な指導者や政府の広報担当者らも利害が対立する国から批判を受けた際のワンフレーズの反論用語として「フェイクニュース」という言葉を乱発するようになった。

「フェイクニュース」という言葉で一蹴することは、権力者にはきわめて便利な表現だった。強い言葉で否定をしながらも、「なぜフェイクなのか」という具体的な説明を避け、しかし強く反論したように見せるための政治ショー的な使われ方をしている。

そのためフェイクニュースという単語はこれだけ知名度を上げても減る兆しはない。連日、ウクライナとロシアの戦争のニュースが途絶えることがないが、この戦争でもフェイクニュースは日々拡散されており、情報戦となっている。

アメリカの調査会社ミトスラボ（Mythos Labs）によると、親ロシア派が運用しているTwitterアカウントが、２０２１年12月に入ってから１ヶ月で12倍の６９７アカウントに増加したという。これはウクライナに侵攻する前から情報戦への備えをして、ロシア側に都合のいい情報を拡散し世論対策をしていくことを狙っていたのだろう。

フェイクニュースの拡散で何を狙うのかと言えば、**誰かに対して「レッテルを貼る」こと**だと筆者は解釈している。ロシアという国に対して、ウクライナという国に対して、アメリカという国に対して、悪い印象を持つような「レッテルを貼る」ことによって、**印象操作をして憎悪や不安をあ**

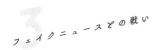

っていくことにより、軍事的な行動の正当化を図ろうとする。ロシアとウクライナでは人の交流も多く、ロシア人とウクライナ人の夫婦に産まれた子どもの悩みというような状況も「news every.」で放送をしたが、こうした人と人とのつながりで築き上げてきた関係を、フェイクニュースで憎悪に変えることを狙うというおぞましさがうかがえる。

ウクライナのゼレンスキー大統領は、自身のSNSを活用し、支援を集めようとする点で、これまでの戦時下の国の大統領と比べて、そのSNS発信力の高さは異色である。自ら世界に動画を発信し続けることで支持調達に成功しているケースとなるだろう。当初はゼレンスキー大統領の国外亡命政権を予測する専門家もいたが、キーウに留まり続け、ロシアに対抗するべく国民を鼓舞していく動画投稿を繰り返すことで支持を高める情報戦へのスキルは想定以上だった。

さらにはウクライナを支援する国の議会に、次々とオンラインで登場し演説を行なった。いくつかの国での演説を聴いたが、その国の国民に親しみを持たれるような内容を織り込んだかなり計算された内容だった。プロの広報対応専門家がネット戦略を支援しているだろうなと想像している。

こうした情報戦の動きを受けてロシアでは、2022年3月「フェイクニュース法」と呼ばれる法律ができた。これはロシア軍に対するフェイクニュースを意図的に拡散した場合、最長で禁固3年、もしくは罰金を科すという内容だ。しかも報道機関もその対象となっており、要するにロシアに都合の悪い情報を伝えた場合、罪に問われる可能性もあるという法律になる。

この影響でロシアにおける西側のメディアの取材への制約が大幅に増し、緊張感が高まった。ウクライナの動画やメディアに向けた取材ツアー（いわゆるプレスツアーと称されるもの）を組んでロシアの蛮行の跡を撮影させて訴え、世界に支援を呼びかけようとする姿勢と比べて、ロシアは情報戦においては規制を強めるという、いわば防戦にあると感じている。

ロシアとウクライナの件から離れても、例えばある発展途上国で、物価高による社会的な不安によるデモが起きる。そして暴徒化した民衆を軍部が鎮圧する。このようなニュースが時折伝えられるが、暴動は反政府側がＳＮＳを使って不安をあおり、中にはフェイクニュースを織り交ぜて暴徒化させて政権転覆を狙う動きだったりもする。

こうした動きにアメリカやロシアの情報機関が加担しているとされるケースもある。社会の不満とか不安をあおるということは、時に軍事的な介入をしやすくするための地ならしかもしれない。また、フェイクニュースにより株価への影響を工作し、経済的な利益を企んでいる経済犯の動きもあるかもしれない。

選挙の際にも、フェイクニュースというのは常套手段ともされている。そもそもフェイクニュースなる言葉が生まれる前から、「怪文書」という出所不明の文書に事実ではないスキャンダルを記載して支持者の離反を工作するという手法はあった。怪文書の現代版が、ネットでのフェイクニュースの拡散だと言えるだろう。

いずれにしても、**フェイクニュースを流すことには多くの「意図」が込められている**ことをまず知ることが重要だ。ＳＮＳでさらりと流れてくる一つひとつのニュースに、何らかの「意図」や「狙い」がないかどうか、１歩引いて考えることがまずは冷静にニュースと向き合えるポイントになる。

2 なぜフェイクを信じてしまうのか

早稲田塾の講義では、そもそも新聞を紙で見ない世代にリアルな当日の新聞を持参して、同じ案件で新聞各社がどういう見出しをつけているのか、また当日の1面に何を置いているのか、そもそも1面の意味とは何かなど、**情報の価値付けを行なう**ことを実践している。

今、30代以下はSNSでニュースを見る人が圧倒的に多く、新聞というプロが価値判断をして紙面に編集をしているものの意味を伝えなければ、ネットで新聞を読むことと何が違うのかを理解してもらえないのだ。個別の事例をもとに一般紙の見出しを考えること、あるいは夕刊紙の見出しを考えること、ネットの記事の見出しを考えること、媒体ごとの見出しを比較して考えてみることをグループワークで行なってもらう。このグループワークによって、ネットで記事検索をすることだけでは足りない、記事の狙いがどこにあるのかを考えてもらう。

① 出典となる媒体名を意識せずに読んでしまう人がいる
② 自分の関心のある記事しか検索をしなくなる
③ 見出しのインパクトに影響されやすい

この3点が、**ネット検索のみで情報を取得している点の危うさ**である。新聞であれ、テレビであれ、プロの編集者の目を通して伝えられる総合媒体では、価値判断や情報の真偽を確認したものであり、見るほうは「知らなかった」ことに巡り会え、また「興味は低かったけど重要なニュースがあることを知ることができた」という効果がある。

自分の関心があることだけを知るというメディアとの接し方は、「情報の部族化」にもつながりやすい。筆者は本屋が好きだ。時間ができるとふらりと本屋に入ることがある。「政治」「経済」「海外事情」など、自分の興味があるコーナーに行くが、そこで出会う本の大半は知らない本である。

特に関心がない分野のコーナーを歩くと、なおさら未知の本がずらりと並んでおり、意外に興味が出たり、勉強をしようと考えたりするものだ。当然ながら自分と考え方の異なる本にも出会い、視野も広がる。

しかしネットのサイトでは、はじめから自分が買いたい本を検索して購入することが多い。目的までの距離が短く、〝遊び〟がないのだ。もちろん、「あなたへのおすすめ」なるものが出てくるが、ぱらり読みが出できないので、高額な本を買う場合は相当な勇気もいる。そうなると、なおさら〝遊び〟を避けてしまいがちである。

新聞の見出しを考えることと、本屋での経験で共通していることが、自分が知らない、関心がないと思っていることに巡り会う重要性だ。「フェイク」による「部族化」には、関心があることや同じ趣向を持つ穴に入り込んだ時に心地よく感じてしまう罠、仕掛けがされている。思わず共感しやすい思考になるのだ。対して未知の情報との格闘は、時には忍耐や読み解く努力も必要となる。だからこそ、未知の**広い世界・広い情報を見て、悩み考えるほどに視野が広がる**ということをお伝えしたい。

3

受動的に情報を受け取る若者たち

あらゆる情報がネットを通じて受動的に入ってくる環境にある若者を公私様々な場面で見ていると、自分で情報を取りに行く力が落ちていることに危機感を覚える。

一見、何でも情報を手軽に検索でき、アウトプットできる合理的な世代ではあるが、その分、情報収集をネットで完結してしまう人が少なくない。番組制作の現場でも、**近年のADのリサーチはネット検索による情報が大半だ。**街を歩いてネタを拾う、様々な立場の人と話をしていく中で情報をつかみ企画化する、という手間と時間のかかる手法より、ネットで目的に沿う情報を集めてから取材に入るほうが効率的で、情報量も多く、無駄足にもならないという。

確かに、「働き方改革」など、勤務時間の制約もあり、効率や費用対効果が求められている現在の側面はある。しかしこれでは「どこの局も似通った内容」という批判につながりやすいだろう。情報の受け手どころか、発信する側も情報の感度が鈍っているのではないかと危機感を覚える。もちろんこうした環境にいるからこそ、切り口や伝え方での工夫を努力しているスタッフも多くいるが、情報の入り口がネットに偏重していることには違いない。

現実としてプロに限らず、ネットで調べる若者がこのように増えている中で、フェイクニュースを信用しないために何が重要なのかと言えば、情報源、ニュースソースの確認であり、幅広く考えることであると述べてきた。中でも何かを調べる際の注意点として、政治学者の高瀬淳一氏は、「情報源（ソース）の多様性の確保は、情報操作に対抗するための措置である」と指摘している（『情報政治学講義』新評論）。筆者自身も**「情報源を正しく選択するためには、知識と経験関心による基準が必要である」こと**を繰り返し様々な場所で伝えてきた。

筆者が言葉にする「知識」とは、要するに勉強が役に立つということだ。勉強というと、詰め込み式の記憶勝負のようで誤解を招くかもしれないが、高等教育で学ぶ教科を通じた「教養」ということだ。

「学校の勉強は役に立つのか?」という、小学生から高校生くらいまでが普遍的に持つ疑問を問われることがある。「先生、どうして勉強をしなければならないのですか?」、もう少しませてくると、誰かこういうことを言う大人がいるからだろうが、「先生、学校の勉強って将来役に立たないですよね?」と。

筆者は「まったく役に立たないことはない。丸暗記しただけのことは役に立たないが、**きちんと思考して消化をすれば、教養というのは財産になる**」と答えている。

正しく情報源を選択するためには、コロナに関してであれば理科の知識や世界史の知識が判断の一助となることがある。数学の「証明」というのは論理的に物事を考えるための思考力を鍛えるだ

「スマホ断ちキャンプ」行程表

午　前　：散策にて「この花は何という花だろう？」
→グループワークで、スマホ以外の方法で調べる

午　後　：川遊び
→どうやって安全にリスク対応して遊べるかを調べる

夕　方　：「A君が怪我をしたらしい」という情報
→どうやって確認、連絡、対応するか？

夜　：「お姉ちゃん、元気かな」
→どうやって家や学校と連絡を取るか？
日記を書いて就寝。

ろう。フェイクを信じてしまうのは、基礎的な学力の欠如も要因であると思う。残念ながら筆者自身は高校生ではその点に気付かず、気付いたのは35歳をすぎてからなのだが。

つまり、これだけ「フェイクニュース」という言葉が有名になってもなお信じてしまうのは、**「情報洪水」の中で、また受動的に情報をサービスとして受け取ってしまうことで、情報を疑い考える力が弱まっているから**だと考えている。コロナ禍で、白熱ディベートやグループワークを中高生がしにくい環境になっていることも危惧している。

この対策として、学校関係者に本気で話をしているのは、「1回スマホから離れる日をつくってみてはどうか」という提案だ。

英語を学ぶ学生が夏休みなどを利用して、英語だけに触れて生活することで力をつける「イ

ングリッシュキャンプ」が人気となっているが、逆にスマホの便利さから離れることで、情報への〝飢え〟を知り、情報への感度を上げ、どう情報を得るのかを知る「スマホ断ちキャンプ」だ。スマホの中だけで多くを解決してきている現代の若者への刺激となるだろう。

4

「ポピュリスト政治家」に魅了される大衆

民主主義とは、政治家、経済人、労働組合、学者などがメディアを通じて、あるいは直接のSNSなどを駆使して、様々な場で言説を発出し、それを受け取った有権者がその主張や政策の妥当性を考え、共感した政党や人をリーダーとして選んでいくというプロセスだ。

有権者が投票行動におよばなければ、どれだけ様々な言説を持って政策論争が行なわれようとも、自身の意志を反映することはできない。しかし、「政策論争」とは得てして、難しい内容であるか、極端に矮小化されてしまった内容になってしまうこともあり、それが人々を政治から遠ざけているように思う。

選挙前だけ、パフォーマンスのように街頭に立ち、政治的なキャッチフレーズとパンフレットを配布する。中には、有権者に「いってらっしゃい」とさわやかに手を振るだけの議員も少なくはない。このような政治活動を見た若者は、「選挙では何も変わらない」と誤解をし、政治離れをして、投票率の低下を引き起こしている。自分の知らない場所で決まった物事を「陰謀論」だと乱暴に片付ける言説がネット上では出回る。そして、投票行動から離れるほど**「シルバーデモクラシー」**

（高齢者の投票率ばかり高くなり、高齢者を優遇する政策が通りやすくなること）とも呼ばれる政治参加者の高齢化を招いている。

こうした政治離れの中で、支持を広げるための目立っている手法に、**「大衆に迎合する」「大衆受けがいいワンフレーズで支持を拡大する」という「ポピュリスト政治家」の登場**がある。

この歴史は古く、1891年にアメリカで結成された「アメリカ人民党」が、通称「ポピュリスト党」と呼ばれたことがルーツである。有権者に耳の痛いことを言わず、耳あたりのいいことを主張している。また既得権益の代表であるエリート層を批判して、大衆の支持を調達しようとする。

近年では、アメリカのトランプ前大統領、イタリアのベルルスコーニ元首相、フィリピンのドゥテルテ前大統領などがポピュリスト政治家と評されている。また与党でない政治家にもポピュリストは存在しており、フランスの国民連合のルペン代表、日本維新の会の橋下徹元代表なども政治学者からは名前をあげられている。

このように、ポピュリスト自体は政治学でも古くから定義をされているが、**本書では「ポピュリスト」がメディアやSNSの活用のために「ワンフレーズ化」と密接につながっていることに注目をしたい。**

2000年代はテレポリティクスであり、ソフトニュース化している時代において、どう有権者に伝わるのかを考えた時、テレビニュースで音として切り取られるのは15秒から20秒であることから、そこの範囲内に入るようなフレーズでしゃべろうとする政治家が増えた。

筆者も政治家の生出演には多く立ち会ってきたが、CMに入る直前の限界時間までも逆算してしゃべりきる政治家、対立候補が話している間に反応を映されていることを計算して身振り手振りで反対を示す政治家など、テレビの手法を知り尽くしていることに驚くことがあった。

日本のテレビ界において、「完パケ」と言われるVTRにナレーションからBGM、字幕スーパーまでを入れ込んだ完全なパッケージにして伝える手法（VTRの長さは番組にもよるが報道番組においては5〜8分程度）でも、一人の話し手として2分も話すことができないのだ。

この長さで話すためにはまわりくどい説明やデータ説明は不要で、どうインパクトのあるメッセージを残せるかが重要になる。そのため、一言で主張を明確化することが重要となった。本質的な政策論争よりもワンフレーズが大切だとされる所以だ。

さらにそれが2010年代からはSNSポリティクスと言われる時代になり、そうなるとTwitterの文字数制限である140文字（全角）でメッセージを伝える必要がある。この文字数を原稿読みすると、28秒ほどの長さとなる。**書き言葉でも話し言葉でも30秒に満たない長さで伝えることが重要なコミュニケーション能力となっている。**しかもコンパクトにしゃべるだけでなく、政敵を打ち負かす強いメッセージ力、破壊的な言葉がインパクトを持つ。

トランプ前大統領のワンフレーズでは、**「アメリカをもう一回偉大にする」**（Make America

Great Again）と繰り返した。「アメリカ第一（America First）」として、雇用をアメリカ人に取り戻す、不法移民の流入を防ぐという経済政策を打ち出した。アメリカの流行語大賞にも選ばれたが、何が〝偉大なアメリカ〟なのかは具体的ではないし、不法移民を排除し中国に高関税をかければ雇用が増えるというほど世界経済は単純ではない。ただ、「アメリカをもう一回偉大にする」と強く言われ、ヒラリー・クリントンのようなワシントンのインサイダー政治家が何もしてこなかったと批判をすると、特に地方に住む白人労働者階級は熱狂していく。

イタリアのベルルスコーニ元首相も移民に対して強硬な姿勢を貫き、国内問題を移民批判でかわして財政拡張で対応した。ドゥテルテ前大統領は麻薬撲滅を打ち出し、強権的な取り締まりが人権を無視しているという批判を受けたが、庶民の味方であるというスタンスを打ち出すことに利用し、支持を集めた。

このように、過激なワンフレーズの言動で庶民の味方であるというスタンスを発信して支持を調達し、自身の政権基盤を固めていくスタイルがポピュリストに共通している。

しかし、ワンフレーズでは言葉足らずな側面があり、ワンフレーズが事実をゆがめていくことにもつながりやすい。中には事実を誤認して拡散されていく、あるいは人種差別的な過激なフレーズも含まれていることが少なくない。こうした言動は、フェイクニュースを流通させることにつながる。

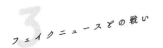

テレビや動画だけでなく、政治家の公約などの文書での情報、過去の投票行動や議員立法の提案率などのデータを、複眼的に読み解くことも重要になっている。

このような俯瞰するデータを集めるNPO団体なども増えている中で、**印象操作に惑わされず、一票の積み重ねである政治参加をすることをあきらめないことが、民主主義において若い人の声を届けることになる。**

逆にSNSを活用してより多くの影響力を持つこともできる。かつての業界団体推薦による候補が票を伸ばさなくなったと感じる。逆に、無名だった候補がSNSの活用で票を伸ばすことも増えてきた。政策の本質を真剣に考える有権者が増えることが、民主主義が成熟することであり、メディアのポピュリズムに動じない報道がその一助となるはずだ。

5

「ワンフレーズ」で世界は変わらない

ネット上の強い言葉に反応しそうな若い人に考えてほしいことがある。ワンフレーズで社会が本当に解決するのだろうか？　ということだ。

フィリピンのドゥテルテ前大統領の麻薬追放の話に触れたい。強力な、超法規的な捜査も含めて犯人を見つけ出し、死刑などの厳罰に処すれば、確かに売人の数が減るなど、密売ルートを狭めることはできるのだろう。何もしないで放置するよりはよいだろうという議論もある。

しかし、麻薬まん延の根源は何だろうか。フィリピンの貧困地区を訪問すると、夢を実現することもできない現実がある。女性は売春をして稼ぎ、仕事がなく夢もない男はその上がりで博打や麻薬に興じ現実逃避をする。さらにマフィアがこうしたスラム利権を得る。そこで育つ子どもたちも、教育を受けることはできずにやがてこうした大人たちと同じように墜ちていく。

現地の警察もフィリピンの庶民からは信用されているとは言えない。取り締まりの茶番やマフィアとの裏でのつながり。さらには刑務所に収監しても定員オーバーで、脱走や刑務官との癒着も珍しくはない社会。

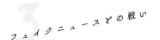

一部の財閥グループで経済が回り富がそこに集中している国で、国民の貧困問題を解決することは誰がリーダーであれ簡単ではない現実。選挙で庶民の1票を調達するためにポピュリズム的な主張をしても、実際に庶民の生活が向上するのは厳しい状況だ。

実は先進国でも社会の課題を政治が解決するのは容易ではない状況だ。日本でも少子高齢化は大きな社会課題となっている。高齢者を支える若者の数は減り、経済的には低成長な成熟国家となっており、税収が飛躍的に増える目処もなければ、限られた財源をどこに振り分けるのか。現実的には国債を大量発行して維持されている状況だ。こうした中での政策論争はなかなか出口がない。どうしても耳あたりのよい訴えになびきやすいと感じる。

こうした中で2016年6月、選挙権が18歳から与えられるようになり、2022年4月からは成年年齢も18歳に引き下げられた。情報リテラシーの面から言うと、**様々な情報から生きていくための判断をする責任を負うこと**でもある。

とりわけ、選挙での政権選択はきわめて難しい判断となる。それは、ポピュリストが主張しがちなシングルイシュー（単一論点）ではないのが政策だからだ。あらゆる政策がリンクしており、当然ながらコスト、つまりは納税者の負担を伴うものだ。コストを投じることが決まっても、適切に執行されているのか政策評価を経て、費用対効果の適正さを次の選挙で下さなければ政策選択はできない。

筆者が行なっている大学生や高校生向けの講義では、政党をハンバーガーショップにたとえて説明をしている。A、B、Cの3つの大手ハンバーガーショップで違いを考えていくのだ。

「Aは安くCは高い。Bはあまり店舗がないから入らない」

「AよりもBのほうが具材が大きいイメージがある」

「どこにでもあって便利だからなんとなくAに入る」

「Cの肉の味が一番好き」

これは学生たちのリアルな意見だが、若者に身近なハンバーガーチェーンですら、かなり抽象的なイメージで選択をしていることに驚いた。消費者というのは、経済記者が思っているほど細かく分析をしないないのだろう。食べた経験で習慣化しているという点、イメージで消去法的に選んでいる点は、実は政党選択にも共通している。

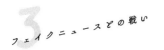

政策を細かく見るほどわからなくなるのが政党で、例えばAのチーズバーガーは好きだが、実はチーズバーガーに入っているピクルスは嫌いで取り除いて食べている。Cのハンバーガーが本当は大好きだけど高いから選ばないなど、細かく見ていけば様々な要因があるし、完全に自分の希望に一致するハンバーガー店はないとわかる。さらには「そもそもハンバーガーは好きになれない」という学生もいた。いわば政治不信、政治嫌いと言われる層はこのケースだろう。

いろいろあるけれど、総合するとこのハンバーガーチェーンが一番しっくりくるというのを考え

ハンバーガーチェーンの比較

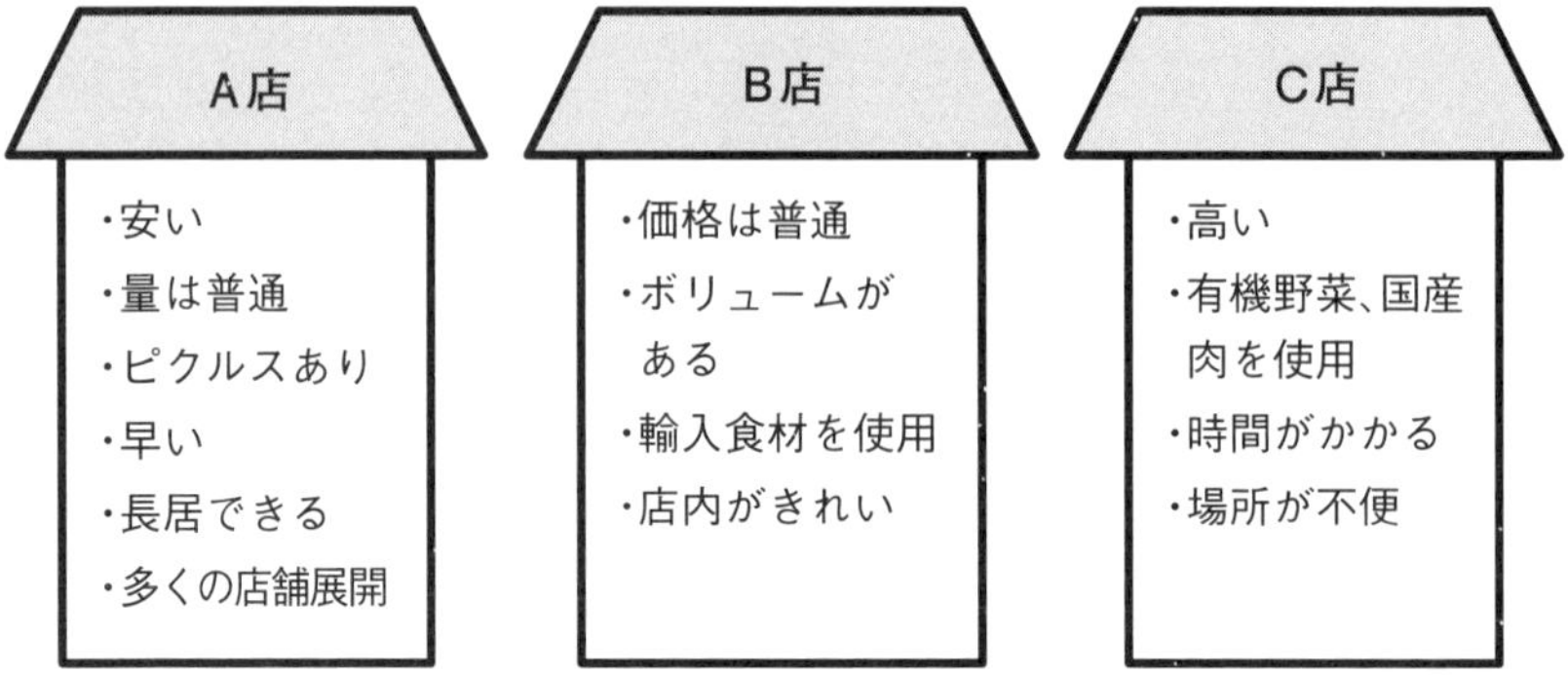

完全に自分の希望と一致するお店はない。
総合的に一番好ましい店を選んでいるのだ。

て選択をする、つまり政党であれば投票をしているということ。

これを架空の政党と政策をモデルに考えてみるとより複雑さが浮かび上がる。

ここで、大学生のＸ君が初めての投票に行く場合を想定してみよう。

Ａ党に対しては大学まで教育無償化にするという政策に強く共感をしている。財源としては農業の補助金を減らすということで、これも納得感がある。しかし外交面では実は違和感がある。Ａ党はアメリカとの同盟関係を強化し、中国とは距離を置く方針。しかしＸ君は就職などを考えると、大きな市場である中国との関係を悪化させることは避けたほうがいいのではと考えている。

Ｂ党は高齢者福祉の充実と消費税の増税をセットで行なうべきと主張をしている。総理大臣を選出している与党であり、力はあるものの若者への負担が増すだけだと考えており、投票するつもりはない。

C党は大学教育の無償化は主張していないが、一人暮らしの20代会社員の減税を行なうことを公約に掲げている。さらに外交政策でもアジアとの関係強化を打ち出している。認可外保育園の無償化とそれに伴う自動車関連税の増税をセットに掲げており、車を買いたいX君には避けたい政策である。

しかし総合的に考えると、今すぐにメリットがなくとも一人暮らしの会社員になり、将来は子どもを育てる環境にプラスになる政策が多いことを考えると、自動車はシェアカーを利用するなどする代替策があると考えてC党に投票することにした。

このように、政党を選ぶ時は、**何を重視しているのか、何が我慢できるのか、優先順位をつけて考える**ことになる。すべてに納得できる政党はないだろうが、細かく公約を見ていくことと、自分の将来設計を考えることで投票行動を決めていける。

政策の実現には一定の時間がかかる。政策の効果を考えると、さらに時間がかかるのも政治の現実である。今だけでなく、将来の国家像を考えながら自分の考えに近い政党や議員を選ぶことが現実的な政治参加だ。

誰か一人、何かひとつのことを変えれば社会がよくなるほど単純ではない、このことを知るのは政治への絶望も、過度な熱望も防ぐことになる。

6

コロナ禍もフェイクとの戦い

コロナ禍初期、ある人から転送されてきた一通のメールに驚いた。

このメールを事例に、予備校の早稲田塾で筆者が担当している「スーパーメディアリテラシー講座」で、コロナ禍の3年間にわたって高校生たちと議論をしてきた。日本での新型コロナウイルス発生初年の2020年3月にはフェイクであることを見破れない高校生もいたが、この3年で誰もがフェイクだと気付くようになった。

その理由は後ほどお伝えするが、2020年3月の時点から説明をしたい。

当時は新型コロナウイルスの感染源を巡る話は、トランプ大統領はじめ、アメリカの政治家も巻き込んだ中国との大激論となっていた。トランプ大統領は武漢にあるウイルス研究所から中国がわざと流出させたのだと主張し、中国を攻撃した。一方で中国は、交流のために武漢を訪問していたアメリカ軍がウイルスを撒いた疑いがあると主張した。実在の武漢の研究者までが発言し、国際的な調査団が現地に入ったものの、どこが感染源なのかを断定する調査とはならなかった。

2020年3月の初期には、コロナがどうやって発生しており、どう治療をすればいいのか正解

がまだわかっていない段階だった。現在に至るまで解明されていないことも多いが、解明をされてきたことも多く、ワクチンや治療薬も複数できた今とは大きく状況が異なっていた。この答えがない状況だからこそ、陰謀論が生まれやすい状況にあったと思う。こういう中での一通のチェーンメールだった。

以下、原文ママである。

医者一家で育った友人から送られてきた情報です。長文ですが、とりあえず転送します。

ご参考までに！
知人の病院の理事長からです。
参考にしてください。

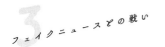

今回のウイルスは、熱に、弱いそうです。冷たい飲み物は、厳禁です。いつも、温かい飲み物、ぬるま湯をもちあるいてください。研究所からです。武漢研究所に派遣されるクァク・グヨンの米国友人の文です。必ずたくさん伝達してください。

彼は無限肺炎ウイルスの研究を行なっています。たった今電話をかけて聞いた内容です。風邪を引いたときは鼻水と痰があり、コロナウイルス肺炎は鼻水のない乾いた咳なので新しいタイプのコロナウイルス肺炎です。これが最も簡単な識別方法です。このような医療知識についてもっと知れば、予防に役立ちます。

今回の武漢ウイルスは耐熱性がなく、26～27度の温度で死にます。そのため、お湯をたくさん飲む。皆にお湯を飲ませれば予防できます。陽射しの下に行ってください。冷たい水、特に氷水を飲まないでください。お湯を飲むことはすべてのウイルス死滅に効果的です。ぜひ覚えてください。

コロナウイルスに対する医師の助言：

1．ウイルスの大きさが非常に大きく、（セルの直径は約４００～５００nm）、すべての一般マスク（N95の機能だけでなく）もこれをフィルタリングすることができます。しかし、感染した人があなたの前でくしゃみをすれば3メートル離れ、気をつけてください。

2．ウイルスが、金属の表面につけば、12時間以上生存します。金属に触れた場合は石鹸で手を洗ってください。

3．ウイルスは服で6～12時間活性化状態を維持することができます。洗濯洗剤はウイルスを殺します。毎日洗う必要のない冬服の場合、太陽の下に置いてウイルスを殺すことができます。

コロナウイルスによる肺炎の症状：

1．のどを先に感染させ、のどが3～4日間持続される乾燥した咽喉の感じを持つようになります。
2．それではウイルスが混合され、器官に流れ入って肺にも入り肺炎を起こします。この過程は5～6日が所要されます。
3．肺炎で高熱と呼吸困難が発生します。鼻腔の混雑は正常な種類と異なります。おぼれたように息苦しくなるでしょう。こんな感じなら、すぐに医師の診察を受けてください。

予防について：
1．感染される最も一般的な方法は公開的に物を触ることなので、手をよく洗わなければなりません。ウイルスは5～10分の間いろんなことが発生することができます（目をこすったりしてはダメです）。
2．手をよく洗うことのほかにもBetadine Sore Throat Gargleでうがいをしてのどにいる間、細菌を除去したり、最小化することができます。
しょっちゅうお湯を飲むことをお薦めします。

との事です。よろしかったら参考にしてください。

様々な場所でこの事例を紹介すると、相当多数の人に出回っていることもわかった。

そして学生に、「このメールにどこか不審な点があると思うか?」という質問をしたところ、「お湯を飲ませれば予防できるというのはおかしい。こんな簡単なことであればここまで感染が拡大していないだろう」という的確な回答があった。その通りで、「お湯を飲ませれば予防できる」、そんなはずがない。科学的な効果への立証ができないと感じたということ。

また別の学生は、「26~27度の温度と言うが、それなら体に入った時点でウィルスは死滅しているはず」。これもきわめて冷静な判断で、人間の体温はもっと高いので26~27度で死ぬはずがない。

さらに別の学生は、「氷、水を飲まないでくださいってあり得ない」。これもそんなことを医師が助言するはずがないということだ。

しかし、何人かはこれを慌てて親に転送してしまったという学生もいた。

生徒たちと議論してまとめた「怪しいメールの見破り方」は次の通りとなった。

① 翻訳機能ニュアンスには要注意

「必ず~しなさい」は日本人が使わない強い表現方法だと感じた。一方で英語、中国語ではよく使うニュアンスなので、日本語以外の言語を日本語に翻訳されたものだと感じた。つまりこのメールは、海外から日本へ混乱を狙って発信されている可能性がある。このメールに添付ファイルやリンクが貼られていたら、違うリスクが生じる可能性もある。

②権威をたくさん出してくるメールには要注意

「研究所」「博士」など、わざわざ使い回しているのが権威を借りようとしている。疑わしい部分のカモフラージュである。

③常識でおかしいことがある

学生が指摘した部分はまさにここ。常識があればメール内容の矛盾に気付くはずである。

こうした基本的な見破り方を念頭に置きながら、医療情報として本当に正しいのか調べるということが重要だ。これは、厚生労働省や日本医師会など専門家によるコロナ関連情報を調べるだけでも基本的なフェイクを見破れるだろう。

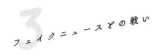

またフェイクは社会など何らかの事象への不安、自分のコンプレックスなど人の心の隙に入り込んでくる。

その際の見分け方として、アメリカのワシントンD.C.にあった「NEWSEUM」というニュースに関する博物館（現在は閉館された）では、フェイクニュースを見破るコツとして、合い言葉「E.S.C.A.P.E. JUNK NEWS」をあげている。「E.S.C.A.P.E.」とは、注意すべきポイントの頭文字から取ったものである。

E：EVIDENCE　証拠
S：SOURCE　情報源
C：CONTEXT　文脈
A：AUDIENCE　読者
P：PURPOSE　目的
E：EXECUTION　完成度

コロナ禍のフェイクニュースで述べた事例で言えば、まさにこのケースに該当する。

このほかにも、新型コロナウイルスを巡ってはたくさんのフェイクニュースが流れた。タイで流れたのは、「日本から来る刺身にはコロナウイルスが付着している」というものだった。アジアを中心に流れたのは「ニンニクが感染予防によい」「ペットから感染する」「感染者が触っているかもしれないから、中国からの手紙は消毒しなければならない」というものがあった。

筆者自身も悩んだのが海外からの宅配便だった。アメリカから届いたスポーツウエアは段ボールの中、さらには衣類を包装しているビニール袋の中の空気に飛沫が残っていないだろうかと心配をした。科学的に郵便物などは大丈夫だと専門家が話しており、頭では理解をしていたが、元気なウイルスが残っていたら……、などの根拠のない心理的な不安はあり、消毒薬で拭いたりしてから触れた。

さらには直接的ではないフェイクも多数流れた。「トイレットペーパーは中国製だから店頭からなくなる」という噂によって、全国的に店頭からトイレットペーパー商品が一時的に品薄となる事象も起きた。

「news every.」で報道する際には「トイレットペーパーがなくなった店頭の映像」と合わせて必ず「メーカーの倉庫にはこれだけ在庫があり、これだけ生産を拡大している」という映像と「国内で製造をしている」という情報を盛り込んで伝えるようにした。さらには「店頭で予想よりも急ピッチで売れてしまうと物流が追いつかない」という背景も盛り込むなど、丁寧に事実を、かつ誤解を防ぐように報道しようとスタッフに指示をした。

7

「訂正」ができないネット時代の怖さ

筆者は経済部の現場記者時代、毎日何件もの記者会見に出てきた。その2000年代の常識で言えば、記者会見で誤った発言があった場合、記者会見終了時に広報担当者が「先ほどのあの数字は正しくはこうです」という基本的な事実関係の訂正フォローをし、「あの発言の真意は〜」という誤解されそうな発言をフォローして、組織に都合悪く書かれることを防ごうとしたものだった。

しかし、ネット時代の今、スマホ1台あれば全世界に簡単に中継で映像をつなぐことができる。また映像を流す電波とセットであった媒体としての出口も、簡単にネット上で開設をすることができる時代になった。これは、記者会見が終わるまでの30分なり1時間なりの間に、どんどん事実誤認の情報が拡散され続けていることを意味している。

記者会見中に重大な事実誤認をしていた場合、これがネットの世界であっという間に拡散され、リツイートを繰り返されていくことを考えると、広報は記者会見をした人の面子を潰さないように静かに対応をするという発想を大きく変えなければならなくなっている。その場でどう記者会見をしている人にシグナルを送り、即座に修正をしてもらうのかというスピードと連携力が重要になっている。

コロナ禍で進んだ広報のDX（Digital Transformation＝デジタル変革）化という事例として、**イスラエル外務省**の例をご紹介したい。筆者は２０１７年にイスラエル政府の招聘を受けて、現地を訪問して以来、取材関係がある。イスラエルはエルサレムから、記者ブリーフ（記者への背景説明的な場）をオンレコ、オフレコ含めてオンラインで日本メディアにも案内をしている。国益が大きく対立する中東情勢の中で、迅速に対応できることは大きなメリットだと考えているようだ。

しかし同時に、スマホの映像が敵対する国に転送をされている可能性もある。こうしたリスクも含めて発信をしているだろうし、各国の大使館で信頼できる筋に案内をしてパスワードを伝えているのだとは思う。**一定のリスクをメリットが上回るという判断をして素早く発信する決断をできるのは、さすがイスラエルだと感じる。**

イスラエルに駐在をする日本のプレスは多いとは言えない。世界中からzoomでつながり何よりも距離を超えて発信できることは、これまでの広報の常識を変えている。この事例に限らず、デジタル技術は世界の様々な常識やスピード感を変えている。**旧来の、特に大企業の広報は「会社の論理を報じてもらう会報組織」だった。それが、「広く世界へ報じることに動く組織」に名実ともに変わることを迫られているだろう。**

「瞬時に拡散されるリスク」は、SNS時代にはメディアや大企業だけではなく、**個人も同様だ。**個人のSNSが炎上してニュースにつながるような出来事は確実に増えている。2021年に行なわれた東京オリンピックでは、開幕直前に開閉会式の制作メンバーが過去に行なっていた障がい者いじめの事実がSNSを通じて拡散され炎上し、辞任に追い込まれた。さらに演出を担当した男性がホロコーストをいじっていた過去は、世界の中で許されないユダヤ人差別の観点から批判が相次ぎ、やはり辞任に追い込まれた。日本人だから知らなかった、では許されないのだ。

このように、過去のことも含めて次々とSNSでは世界に拡散していく力を持っている。これが**かつては国内だけの問題で、文化や情報の国境があったが、SNS時代にはあらゆることが世界とダイレクトにつながっている。**「情報のボーダレス社会」の中にいることを個人レベルでも理解する必要がある。

8 多様化する情報源を読み解く

経済部時代には、多くの巨大企業グループの経営再建も取材した。グローバル化や社会の複雑化に伴い、取材の関係先とはこんなにも広がっているのかと驚いたのを覚えている。オーナー企業のようなシンプルなイメージで問題を解明しようとすると、情報は読み解けない。巨大企業では経営者一人の意志ではなく、多数のステークホルダーを含めて再建は進められている。具体的に事例で考えていきたい。

【ダイエーの経営再建問題】

ダイエーと言えば、全国にチェーンを広げ商品を安く提供する「流通革命」を起こした元祖。よくも悪くもカリスマ経営者の中内功氏の意志で動いている会社だった。

筆者が取材した2004年には、不良債権処理のために政府が立ち上げた「産業再生機構」を活用するかどうかで激しく対立をしていた。政府は国民にわかりやすい事例として、大型案件のダイエーに適用をしたかった。しかしダイエー側は中内家を守るためにも政府のスキーム活用を嫌がり、自主再建にこだわった。

厳密に言うと「政府」というのは正しくなく、小泉内閣での官邸および内閣府サイドが活用を目指しており、流通業を所管する経済産業省はダイエーのサイドに立った。政府内でも激しい攻防が繰り広げられていた。さらにはメインバンク、出資先の商社、投資ファンドなども入り乱れて様々な情報が乱れ飛んだ。

情報が出てくるというということは、特定の組織にとり有利になるような情報を既成事実化しようとリークするケースや、逆に相手方の嫌がる情報をリークして、交渉を優位に進めようとする狙いなど、何らかの意図が存在している訳だ。次第にダイエー側と関係のない次元での調整が続く「まな板の上の鯉」となっていくにつれ、ダイエーはメディアを敵対視し、抗議文を振りかざしていくようになる。どんなカリスマ経営者であれ、社外の多くの関係先の流れには「抗議文」しか為す術もなくなっていった。

忘れられないエピソードがある。ダイエーのある役員が抗議文を携えて日本テレビに来社した時のことだ。その際に出された名刺の裏面に書かれていた英文が、別の方のお名前になっており、明らかに間違って印刷されたものだった。役員が間違った名刺を使っているということが衝撃的だったのだが、おそらくは前任者のものでも流用して印刷し、会社が混乱していてミスに気付くような余裕がなくなっていたのだろう。

政治家、省庁、メガバンク、商社、ファンド、産業再生機構など、国内の周辺関係先の情報を複眼的に集めなければ読み誤まる時代に入っていた。

【世界を巻き込んだトヨタのリコール問題】

２００９年から２０１０年にかけてのトヨタ自動車の大規模リコール問題では、トヨタの広報は名古屋と東京にあり、さらにアメリカにもある。リコール問題の舞台もアメリカでもあり、日本でもある。そうなると役所も政治家も、日米にまたがった世界中での取材が必要となる事態だった。トヨタ自動車の豊田章男社長は、アメリカ議会の公聴会にプライベートジェットで向かうので、直撃取材することもままならない。ただ、飛行機の映像は苦労して撮影に成功した。

ある日は、豊田章男社長の記者会見を東京でやると思っていたら、「3時間後に名古屋でやります」とアナウンスがあり、慌てて外国メディアの記者含め新幹線に飛び乗り移動する出来事があった。ギリギリ記者会見に間に合い、同時に簡易中継で世界に生中継をされた。

ＢＢＣもＣＮＮも、名古屋からの記者会見をライブ放送していたことに、世界中どこでも即座に生中継で伝えることが可能な大変な時代になったのだと感じていた。逆に筆者もワシントンＤＣでの動きを知るために、アメリカのロビイストに日本から現地時間に合わせて取材をするなど、経済記者には世界を見る力が欠かせないと強く感じたのがトヨタリコール問題での取材だった。

このように、関係先が世界にまたがることが当然の、グローバル環境での企業取材時代に入りすでに12年以上経っている。現在では簡易中継どころか、**スマホひとつで中継も可能となり、なおか**

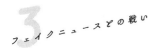

つ消費者の反応がSNSなどでリアルタイムに見られるようになったのが当時とのさらなる違いだと感じる。SNSでどんな意見がツイートされているのか、広報はリアルタイムの発信を調べながら対応することが可能になった。企業の姿勢によってはSNSで批判炎上や不買運動が盛り上がる可能性もある。さらに賛否が激しく対立することもある。情報の出所は明らかにボーダレスになっており、なおかつユーザーの声が世界からも聞こえる時代になった。

この取材先の多様化、消費者の声への意識など、様々な情報源を取材者は意識しているが、企業人、学生などでも報告書を記載する際、論文を書く際にはこの多様な関係者がいることを意識して書けるのかが重要だ。SNSの発信も含めて、多様な背景を踏まえて書くことで説得力を増す内容となるだろう。

9

自分の目で見たことはだまされない

多様な見方、関係先への意識をどうすれば持つことができるのかと、よく学生から質問を受ける。そこで筆者の学生時代の話を紹介したい。

今でこそ「韓流」などで人気の海外旅行先となっている韓国だが、筆者が大学生になって、初めて旅行をしようとした1992年にはまだメジャーとは言えない渡航先だった。アルバイト先で社員さんから言われた言葉は「女でも買いに行くのか」という衝撃の、今であればハラスメントになる言葉だった。買春かカジノか。男性がいわゆる「飲む打つ買う」ための渡航先というイメージだったのだ。

筆者の動機はと言えば、大学生になったら真っ先に知らない国に行ってみたいという気持ちがあったからだった。ゴールデンウィークに皿洗いのバイトをみっちりして稼いだお金で行ける国はどこだろうと思った時に、韓国が現実的な選択肢だった。周囲からは「汚くて不衛生だ」など、散々な話ばかり聞かされながら鉄道で下関まで行き、そこからフェリーで渡航するという激安ルートを決めた。

若干の不安を持ちながらフェリーに乗り込むと、そこは韓国語の世界であった。そして実際に知

1992 年当時のソウル市街。バスの激しい運転に圧倒された

り合った当時の韓国人は「めちゃくちゃおせっかいで義理人情に溢れている」というのが第一印象だった。

フェリーの中では「ここへ行け、あそこへ行け」と手帳に韓国語で店の名前や住所を書いてくれ、初めて韓国へ行く大学生の世話をしてくれる人がいた。実際に当時の筆者は韓国語もまったくわからず、「ここに行きたい」とガイドブックを見せて聞くことしかできない。しかし、これを見た日本語のわからない韓国人もまた、筆者の手をぐいっと引っ張り続けながらその場所まで連れて行ってくれるという経験も重ねた。

バスの運転手はめちゃくちゃ飛ばして走るのでうまくバス停に停車できないのは当たり前で、かなりずれた場所で停車すると人々はバスをめがけて走って乗りに行く。そのバスはまた急発進して去って行く。何でも、バスの運転手同士で速さを競い合って

料金受取人払郵便

神田局
承認
7635

差出有効期間
2024年４月30
日まで

郵便はがき

101-8796

511

（受取人）
東京都千代田区
神田神保町１－41

同文舘出版株式会社
愛読者係行

毎度ご愛読をいただき厚く御礼申し上げます。お客様より収集させていただいた個人情報は、出版企画の参考にさせていただきます。厳重に管理し、お客様の承諾を得た範囲を超えて使用いたしません。メールにて新刊案内ご希望の方は、Ｅメールをご記入のうえ、「メール配信希望」の「有」に○印を付けて下さい。

図書目録希望	有	無	メール配信希望	有	無

フリガナ お名前		性　別 男・女	年　齢 才
ご住所	〒 TEL　　　（　　　）　　　Ｅメール		
ご職業	1.会社員　2.団体職員　3.公務員　4.自営　5.自由業　6.教師　7.学生　8.主婦　9.その他（　　　）		
勤務先分類	1.建設　2.製造　3.小売　4.銀行・各種金融　5.証券　6.保険　7.不動産　8.運輸・倉庫　9.情報・通信　10.サービス　11.官公庁　12.農林水産　13.その他（　　　）		
職　種	1.労務　2.人事　3.庶務　4.秘書　5.経理　6.調査　7.企画　8.技術　9.生産管理　10.製造　11.宣伝　12.営業販売　13.その他（　　　）		

愛読者カード

書名

◆ お買上げいただいた日　　　　年　　月　　日頃

◆ お買上げいただいた書店名　（　　　　　　　　）

◆ よく読まれる新聞・雑誌　（　　　　　　　　）

◆ 本書をなにでお知りになりましたか。

1．新聞・雑誌の広告・書評で　（紙・誌名　　　　　　）

2．書店で見て　3．会社・学校のテキスト　4．人のすすめで

5．図書目録を見て　6．その他（　　　　　　　　）

◆ 本書に対するご意見

◆ ご感想

- 内容　良い　普通　不満　その他（　　　　）
- 価格　安い　普通　高い　その他（　　　　）
- 装丁　良い　普通　悪い　その他（　　　　）

◆ どんなテーマの出版をご希望ですか

<書籍のご注文について>

直接小社にご注文の方はお電話にてお申し込みください。 宅急便の代金着払いにて発送いたします。1回のお買い上げ金額が税込2,500円未満の場合は送料は税込500円、税込2,500円以上の場合は送料無料。送料のほかに1回のご注文につき300円の代引手数料がかかります。商品到着時に宅配業者へお支払いください。

同文舘出版　営業部　TEL：03－3294－1801

いるらしい。

これを見て「とんでもなく気性が荒い国だ」とか「民度が低い」などと批判をするのか、なぜこうした文化があるのかを考え、違いを楽しいと感じるのかで、ひとつの軸ができる。**自分の目で見て考えた結果の蓄積が、安易な差別的なレッテルを貼ることを防ぐのに役立つ**ということだと感じた。

なお、誤解がないように述べれば、現在はきちんと環境対応のバスがバス停に停車をして、人々は並んで乗車をしている。しかし韓国の若者も知らないであろう90年代の韓国を知る身としては、なんだか人情がなくなったのでは、と感じることもある。そこで数年前に韓国に行った際、空港に行く時に乗車したタクシーで日本語のわかる運転手に「最近は韓国人も人情家が少なくなった」と言った。ところがその運転手は、「日本人よりは人情がある」と反論をしてきた。これもまた面白いことで、人情国民というプライドは健在だったのだと感じるとともに、日本人には負けないというメンタリティがあるのだと、改めて強く感じる出来事だった。

このように、「長く継続的に訪問を繰り返してきた国」という軸があると、噂やネットでの韓国批判に安易に流されることはない。もちろん日本人の一人として、国家間の約束を履行しない姿勢は非常に遺憾であることは間違いない。

では、直接訪問をしなければ理解をできないのかと言えばそうではなく、偏見を解いていったの

韓流の波及段階

① 大衆文化の流行	② 関連商品の 販売増加	③ 韓国商品の 販売増加	④ 韓国そのものへの 関心の高まり
ドラマ、映画、音楽など大衆文化、芸能人の人気が高まる。	DVD、ロケ地ツアー、芸能人・コンテンツ関連商品の販売増加。	電化製品、生活用品など韓国の一般商品の販売増。	韓国料理、観光・ショッピングなど韓国文化全般への関心が高まる。

出所:「韓流のコミュニケーション効果―中国人の韓国文化商品の利用が韓国への認識と態度に与える影響」イ・ジュンウン、韓国言論学報47巻5号(2003年)

はやはり「韓流ドラマ」や「韓流映画」の大ヒットが大きな要因だ。ハンサムな韓流俳優に熱狂しながら視聴していく中で、日本と似ている部分も大きいが、かなり違う文化もあると感じるだろう。そしてまたこの違いが魅力であることにも気付く。

コンテンツというのは、実にその国を理解することに貢献する。韓国のコンテンツ振興院は補助金を出し、ドラマなどを安く海外へ輸出することを実行してきた。韓国のコンテンツが人気になることで四段階の波及効果があるという調査がある。大衆文化の流行が、ロケ地ツアーなどに波及し、さらには韓国の電化製品などのイメージが向上する。そして料理など幅広い文化に波及するとしている(『華僑研究 2012年』「華人経済圏を巡る日・韓コンテンツビジネス競争とその展望」大野伸)。

10

真贋確認する技術

「情報洪水」時代の今、世の中にはフェイクを含めてたくさんの情報や映像が流通している。このような状況で、企業でも、大学でも、予備校でも、あらゆる場所で講演をする度に聞かれたのは、**「多様な情報源から何をどう選べば本物の情報に行き着くのかわからない」**ということだった。

筆者がいつも伝えているのは、**「質の高い情報源は本物である可能性が高く、優先して消化してほしい」**ということ。誤解を恐れずに書けば、安いにもかかわらず評判が悪い弁当屋の中には、食材か料理の腕か、はたまたサービスか、何かが足りていないのだろう。一方で評判がよく、標準的な価格でいつも人気の弁当屋に行けば、何か強みがある訳で、安心感を持つことができる。値段が高いのがよいという意味ではなく、まずはリスクを避けて質の高い情報から入っていけば事故にならないというたとえだ。または学校給食。栄養士さんがメニューのバランスから考え、自治体の補助も投入されてつくられている。こういうものも質が高いだろう。

では本物の、優れた弁当屋を見分ける技術はどう養われるのかと言えば、グルメを多数取材してきたディレクターならば、弁当のみならず肉の生産者まで勉強してたどり着いていることがあるということだ。

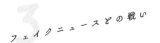

自分の目で放牧や飼育の現場を見て、生産者に話を聞き勉強して確認するということ。つまり**情報ならば、大臣や官僚、社長などの当事者からの情報**だ。これを**一次情報**とする。続いては**当事者周辺の鮮度の高い情報、信頼できるメディアの報道、学術専門家など信頼性と専門性が高い二次情報**となる。周辺情報がきっかけであってもよいが、一次情報に当たらなければ、メディアとしては失格である。これは有名な人という意味ではなく、その道のプロの当事者に話を聞くということで、情報源の質を高める大事なプロセスとなる。

しかし、この理論通りにいかないのが、ウクライナとロシアのような戦争状態にあるケースだ。これはインテリジェンスの専門家ですら難しいレベルになる。というのはロシア軍でも、ウクライナ軍でも、戦争状態にあるので自軍の被害は最小限に、戦果は最大限に発表をするからだ。いわば、当局者の発表に嘘が公然と入ることが自明なのである。嘘情報を発表することでメディアを通じて自軍の士気を上げ、敵軍の士気を下げようとする。さらにはどこに侵攻をしようとしているのか、そして本当に撤退をしているのか。発表を鵜呑みにすることは危険であるし、映像を伴う発表でも、今の時代、その映像が本物かはわからない。ここでは近年必要性が増している映像からの矛盾を見出し真贋確認する術にも触れておきたい。

① 言葉の内容と表情や口の動きが一致しているのか

ここが不自然であると、しゃべっている音声が偽物である可能性が高い。実際に、ウクライナのゼレンスキー大統領が投降を呼びかけるフェイク映像が作成・拡散されていたが口元に注視すると見破れるものもあった。

② 影の入り方に不自然がないか

これは戦況をごまかした「ロシア軍に感謝をしているウクライナ人」というようなプロパガンダ映像で、加工されたものを見破ったケースがある。映像を加工していると、影と太陽の位置関係が不自然であるケースや、そもそも影が映っていないものが紛れていることがある。

③ リアルに撮影されすぎているもの

緊迫の戦闘中なのに、複数の角度から撮影をした映像であったり、リアルな戦闘の中では撮影できないであろう環境下での映像は、演出されたやらせ映像である可能性がある。

映像ひとつでも多角的に検証して使用をしなければ、メディアも信用を失いかねないのが戦争報道の怖さであると、今回の件で改めて実感をした。読者の皆様も、インパクトのある映像をリツイートする前に、一拍おいて見返してほしい。

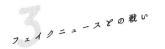

11

ウクライナ侵攻から世界情勢の読み解きを考える

身近な体感温度でとらえにくく、また他文化が影響している国際情勢ほど自分のベースとなる経験、そして知識や教養があれば判断できる材料が増える。

2022年の北京冬季オリンピックの聖火リレーの最後に登場した人の名前が、明らかに漢族の名前じゃないと開会式を見ながらわかった。これは中国人の名字などを比較的理解しやすい日本人なら気付く人も多いだろう。そこから、「漢族でなければ少数民族だろう。新疆ウイグル自治区、もしくはチベット自治区の人で、政治的に少数民族を大事にしているという姿勢を伝えるプロパガンダだろう」と想像がおよんだ。

しかし筆者の知識ではどこの少数民族の名前かはわからなかったし、まして当該の選手への知識はなかった。ただ、この開会式の1シーンにニュースバリューがあるな、確認をする必要がある場面だなというアンテナは働いた。このように、特に**センシティブな国の案件でアンテナが働くことは、報道の人間のみならずグローバルな環境にある。企業人や学生にとっても必要な要素**である。

北京冬季オリンピックの時期は、早稲田塾のレギュラー講義がある時期だったので、この開会式の話もすぐに生徒たちに紹介をした。中国にルーツを持つ生徒の関心も高く、デジタルネイティブ世代には小学生から海外にホームステイをした経験を持つ生徒や、高校に海外提携校がある生徒も多い。コロナ禍でもＳＮＳなどで交流を続けている生徒もおり、国際的な話題は意識の高い高校生には関心事なのだと感じた。

ウクライナの戦争でも、どういう歴史の経緯を経て今の状況にあるのか、それを考えるうえできわめて重要なことは、「ヨーロッパ全体の歴史」になる。今の若い人は「ソビエト連邦」という国を知っている人は少ないのかもしれない。しかしこのソビエトというものを考え、さらには軍事同盟であるＮＡＴＯというものの歴史、「冷戦」ということを知る必要も今回の戦争を紐解くためにはあると話をしている。

ロシアからすれば、自国と隣接をしたウクライナがＮＡＴＯ（北大西洋条約機構）に加盟をしてしまうと、仮想敵であるＮＡＴＯが、ロシアとの国境にまで来てしまうという危機感があった。西側の国々のメディアは、ロシアが軍隊を使ってどんどんウクライナに侵攻しようとしているという目線で報道をしている。いかなる理由であれ他国を攻撃している事実に揺らぎはないが、ロシア側から見れば、ＮＡＴＯの影響が自分たちの国に近付いてきているという危機感が背景にある。

しかしこの戦争をロシアが起こしたことで、実際に西側と東側に挟まれていることで戦争を避けようと中立を選択してきたスウェーデンとフィンランドはいち早く危機感を覚えて行動し、世論は一気にNATO加入を支持して動いた。いわばロシアにとっては皮肉な結果となった。戦争は地政学的なバランスを一気に変える要因になるだけに、様々な要因、周辺国を含めて学ぶことが欠かせない。

こうした中で、アメリカは中国とロシアの反米の連携も切り離したい状況で、ここでも激しい情報戦が繰り広げられている。そんな中で、習近平主席がプーチン大統領に北京オリンピックの期間中はウクライナ侵攻をして世界的な問題起こさないでくれと頼んだ、という海外メディアの報道があった。しかしロシアの報道官はとんでもないフェイクニュースだと言って大激怒し、中国の報道官も同様に強く反発をした。

中国の報道官は、この反論を通じて北京冬季オリンピックへの妨害工作だと逆に発信をする。さらにアメリカの専門家からは、ロシアはウクライナに侵攻し、中国は台湾に侵攻をするのだという分析も流れた。大国間でお互いに何でも「それはフェイクニュースだ」と言い、非難の応酬を繰り返す状態になっている。

アメリカの危機感としては、中国とロシアが手を結び、ウクライナと台湾の両方で火花が飛ぶと、アメリカの軍事力は両面作戦にならざるを得ない。これは日本にとっても安全保障上の脅威である。ウクライナを巡る動きは、どこの国の防衛当局も安全保障の重要な事例として分析を重ねることになるだろう。そのくらい大国ロシアが直接、西側から複合的な支援を受けているウクライナと進めている戦争は、各国の防衛政策にとって重要な転換点となり得ることは間違いない。

12

中国・紹興で得た「ステレオタイプはない」という学び

若い時の海外経験の何が特別なのかと言えば、やはり感性豊かな年代で受ける刺激が脳へ記憶されることだろう。白いキャンバスに自由に彩色されていくように、次々と鮮やかに感じ取られていくのだ。しかし、知らない場所に行くという経験は何歳になっても刺激がある。**地元の人と触れ合う短い時間にこそ学びや気付きがある。**

上海在住の商社役員の友人を2013年に訪問した際、紹興に行ってみようという話になった。日本酒、ワイン、泡盛、黒糖焼酎、テキーラ、筆者はあらゆる種類の酒蔵を本場の地で訪ねるのが好きで、上海といえば紹興酒のふるさとを訪ねてみたいと考えた。日本で飲んで気に入っていた紹興酒のラベルから住所は把握していた。紹興酒というだけあり、本当に紹興という街があり、そこで生産をされているのだ。

しかし、中国を専門とする第一人者として知られるベテラン商社マンにも「なかなか紹興に行きたい日本人はいないですね」と笑われた。地図で見ると紹興は上海のすぐ近くの街に見えたが、片道約200キロだと言われ中国の大きさを実感した。しかもそれを日帰りでドライブする強行軍に挑戦した。社用車の上海人運転手も紹興を知らず、高速の降り口で紹興ナンバーの車がいたので行き方を聞いたら、その車の運転手は上海から来たのかと驚きながらも、「教えにくいし、自宅の側だから着いてきてくれ」ということで先導をしてくれた。

高速を降りてからもかなり距離があり、上海人の運転手も「地方の人はなんて親切なのだ」と感動していた。

さらに調べると紹興という街の人口は496万人と、横浜市の人口よりも多い。しかし人力車がいっぱい待機している、なんとものどかな街だった。中国ではこの程度の規模の人口では大都会とは言えないのだろう。現地では川魚を干して食べるとおいしいということで、魯迅も飲んだくれていたという居酒屋に足を運んで食した。日本語でわいわい飲んでいると、隣のテーブルの中国人が、片言の日本語を使ってきたりして、世話を焼いてくれる。こんな素朴な中国人との偶然の縁に触れる弾丸旅行は、ステレオタイプな中国観ではいかに国や人を測ることができないかを感じるに十分な機会となった。

このように自分のオリジナルな経験を積み重ねていくと、国とか人とかを安易にレッテル貼りするようなことなく、フェイクニュースにもだまされなくなっていくのだ。**タフに多角的に情報を見ていける。**「中国」とひとくくりにするのではなく、多層的な視点・目線を持ちながら固定観念を超えて、複雑な問題を解決する糸口を見出す力になると中年の筆者でも感じた。

2013 年中国浙江省の紹興市。街では人力車がたくさん走っている

魯迅が愛したという居酒屋で紹興酒を飲んだ

若い人が内向きになっている、外へ出なくなっているという話をよく聞く。事実、海外留学をする学生の数は減少しているという。しかしステレオタイプを打ち破るには、百聞は一見にしかず。ぜひ若いうちに海外で多くの人々と接する機会を持ってほしい。新型コロナウイルスの流行は、海外へ出るチャンスを奪っていることは間違いない。早くインフルエンザのように病理の解明と治療薬やワクチンが一般的になり、再び自由に世界を飛び回り刺激を受けられる日を、筆者は心待ちにしている。

13

学校でのいじめを生み出すフェイク

ネットを通じて世の中は便利になり、コロナ禍でも遠く離れた友人ともつながり続けることはできる。ビジネスでも活用できる大変便利なツールだ。しかし仲間ができるというSNSは、言い換えれば〝仲間に入れない〟という「いじめ」をする場所にもなっている。文部科学省でも15年前にはこの問題の対策を議論しており、次の通り書かれている（「子どもを守り育てる体制づくりのための有識者会議」２００７年）。

1．不特定多数から、特定の子どもに対する誹謗中傷が絶え間なく集中的に行なわれる。
2．匿名性から安易に書き込みが行なわれている結果、子どもが簡単に被害者にも加害者にもなってしまう。
3．いわゆる「学校裏サイト」を用いて子どもの個人情報や画像がネット上に流出し悪用されている。
4．教師や保護者が携帯電話やネットの利用実態を把握しておらず、効果的な対策が困難である。

具体的ないじめの形としては**「中傷する書き込み」**から、**「事実無根の内容のメールを複数の人物に送るように促す」「なりすまして嘘情報がアップされ、個人情報が拡散される」**などの例があげられている。

しかしその後も問題は続いている。文部科学省の「令和3年度　児童生徒の問題行動・不登校等生徒指導上の諸課題に関する調査」では、２０２１年度（令和3年度）の不登校の小中学生の数は24万人を超えていることが公表されている。

この中では「ＳＮＳいじめ」が問題視されている。２０２１年度にパソコンやスマホを使ったいじめの認知件数は2万１９００件に上っている。グループＬＩＮＥから外す、Twitter の鍵アカウントで誹謗中傷をしたり、被害者の個人情報をさらしたりと、閉鎖的なネット空間で、教室と変わらない人間関係がありながらも仲間はずれが進められていく。

さらにはそれがリアルな世界に派生することもある。匿名性があり閉鎖性がある学校のＳＮＳ空間でつくられた嘘情報やレッテル貼りにより、苦しめられている子どもたちは多いのだ。そして、こうした空間でいじめられないようにという同調圧力やＳＮＳへの返信圧力でリアルな生活への支障が生じるケースも出ている。

保護者が子どものネットでの異変にいかに気付けるのか。これは学校と保護者が連携して対応しなければならない新たなケースだ。

実際に高校生たちに、フェイクを生み出しているSNSの状況をどう見ているのかを聞いてみたことがある。「SNSの中とリアルな社会は別だと思うか？　または一緒だと思うか？」と質問してみた。

Aさんは、「外ですれ違う人たちは自分のことで追われていて、まわりを見ている人は少ないと思う。しかしネットでは自分でフォローしたり、気になっていなくても何かおすすめとかで出てくる。だからまったく知らない人に自分の情報がバレているかもしれないと考えると、SNSのほうが広い世界だと思うし、よく見える」と考えを述べてくれた。

一方、Bさんは「社会とどちらも通じているので同じだと思う」と述べた。

デジタルネイティブ世代にはSNSのほうがリアルよりも身のまわりがよく見える、あるいは同等であるという意見が多い。少なくともリアルな世界のほうがわかりやすいとは感じていないようだ。

この世代差も学校でのフェイクやそこから端を発するいじめを防ぎにくくしている。中高年向けには若い世代へのメディアリテラシーとはまったく違うSNSリテラシー教育を行なう必要があるという課題が浮き彫りになった。

親として育児をする中で、子ども世代のSNS観を知り、「SNSいじめ」にも目を光らせなければならない時代が来ている。

14

ネット文化の醸成を

SNSを巡る世代による溝。それは、**共通の文化やマナー**ができれば、埋められなくとも浅くすることはできるのではないか。

Twitterではフォロー外から議論に参加する場合には「横から失礼します」というような言葉を使い入ってくるケースが見られる。近しい関係にない中で輪に入る際の用語で、意外と謙虚さを持ち合わせているようにも思える。

しかしTwitterのフォローに関しては「無言フォロー」は失礼なのかどうか、「フォロー返し」はマナーとして必要なのか、さらには「リプ返し」は必要なのかなど、まだまだ不明確で人によって賛否がわかれている状況だ。

さらにはSNS上で、一貫して国内で育ち、学んできたキャリアを説明する際に「純粋ジャパニーズ」という造語を略して「純ジャパ」と表現するようなネット用語。自分自身のことをネットで検索することを指す「エゴサ」など、独自の用語も多数存在をしている。

これは英語の世界でも同じで、「tbh」は「to be honest」(正直に言うと)の略であり、「ぶっちやけ」というようなニュアンスのネット用語。「K」というものもあり、これは「OK」の略語であるそうだ。日本語でも「りょ」や「り」と、「了解」を略している人もおり、これと同様の意味合いである。このように日進月歩の新しい言葉に慣れる必要もある。

大事なことは、SNSのマナーはまだ確立をされておらず、昨日の常識は今日の非常識だということを大前提として理解をする必要がある。

高校生などの若者は「本アカ」という本命アカウントに、「サブアカ」、そして人には言えないことを言うための「裏アカ」、さらにはちょっとオタクなことも安心して言える「趣味アカ」など、多様なアカウントを並走させている。

それぞれで人格や頻度も使い分けているという。発信をする際には自分の身を守る意識はある程度あるからこそ、このように使い分けをするのだろうが、若者には、「知らない人はリアルに受け取ってしまう」ということを伝えたい。

複数の使い分けた人格で発信をしていても、情報を受け取る側にとっては、本当の人格はひとつなのだ。

受け手がどう感じるのかを想像することが重要だ。思いつきを手軽に瞬時に発信することが魅力でもあるTwitterだが、炎上も多いのは受け手の気持ちを吟味しないまま発信されてしまうことが関係している。

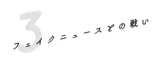

ＳＮＳの運営にあたり考えるべきこととして、デジタルマーケティングの専門家、陣内裕樹氏が提唱した「３６１（サーロイン）の法則」が考え方として非常にわかりやすい。

３：ＳＮＳページをつくる時間と労力
６：リレーションの構築に向けて「届ける」ことに注ぐべき力
１：反省しつつさらに届けるところに注力する方法を考える「レビュー」

つまり、発信する前に、３割はどのようなテーマで発信し、どういうＳＮＳにしたいのかグランドデザインを冷静に考えるということだ。そのうえで届けるためのコンテンツの中身をしっかり考え、最後には反省・検証をするというものだ。ここまでプロのマーケティングのように私的なＳＮＳですする必要があるのかは議論があるだろうが、この肌感覚があれば大きなトラブルを回避することができるように思う。

答えがない時代なのは世の常かもしれないが、新型コロナウイルスという非常に大きな感染症不安が起きていて、Ｇ８と呼ばれるまでになった大国ロシアが大きな戦争を仕掛けるという、不確実性が高まっている時代であることは間違いない。

たくましく生き抜いていかなければならない時代で、ＳＮＳに限らず新しいルールがどんどんできていく。そのルールメイキングに若い世代がコミットできていけば、それは若者が社会を変えることにつながる。

スマホを持つ一人ひとりがメディアであり、世界に発信できる時代を迎えており、発信したものが世界中の大手メディアによってさらに拡散されていく。そういう時代の中でＳＮＳによるハラスメントがあることも事実。この時代をうまく消化して主体的に乗り越えていくのは間違いなくデジタルネイティブ世代であるべきだし、自分たちの世代が主役になることを、ネットの世界でもリアルの世界でも自覚をして動くだけで景色が変わると思っている。

4章

情報リテラシーを高める

1

考え悩み、情報と接すること

正しく情報を読み解くためには、多角的に物事を見て考えることが重要だと述べてきた。同時に、正しく思いを伝えるためにも、**多角的な考え方、異なる立場の人の見方を踏まえて発信をしなければ炎上をしてしまう。**

例えば表面的な勧善懲悪は炎上につながりやすいし、メディアだと未成年の凶悪犯罪を実名匿名どうするのかどうかという、答えが出にくい論争もある。こうした論争ではその事件の残忍性に加え、報道の仕方、取材の仕方なども混じりながら様々な議論が巻き起こる。メディアであれ、発信者に批判が飛び火することも十分にあり得るのだ。早稲田塾ではこうした少しタブーでもあるような、学校教育ではなかなか取り上げにくいような事例についても、**タブー視せずに社会問題を伝える難しさを多角的に考えるために議論を行なっている。**

ある日の講義で取り上げたのは、1998年1月に大阪府堺市でシンナーを吸っていた19歳の少年が女子高校生を追いかけながら刺し、さらには幼稚園バスを待っている親子を刺し、5歳の女の子が殺害された事件だった。

早稲田塾で筆者が行なっているのはＡＯ入試を目指す高校生が、社会問題への視野を広げたりしながら、論文や研究テーマを深めることに役立てるためのメディアリテラシー講義だ。

この事件の少年を「実名にするのか、匿名にするのか」。議論ではまず19歳という年齢が未熟であるのか否かで意見が割れた。また肉体的な成熟と、心の幼さはどう考えればいいのか。凶悪犯罪の抑止のためにも実名報道が必要だという意見と、逆にそれは再就職など更正を妨げるという意見も出た。

犯罪を起こした人を収容している場所である刑務所が税金で運営をされていることに衝撃を受けた高校生もいた。この高校生は、刑務所が更正をさせる場であり、また犯罪防止のための場でもあるという意味を理解はしていなかった。単純に犯罪者を税金で養っているということが衝撃だったようだ。やはり若い時というのは木を見て森が見えないことがあるという難しさを改めて感じた。そして情報化社会の中で生きている高校生たちからは、匿名にしてもいわゆる個人情報の「さらし」を防げるのかといえば、そうではないだろうという指摘も多数出た。結局は人権に配慮して匿名報道をしても、すぐにまとめサイトなどができて実名が明らかにされてしまう。

また、ネット上では、情報を**削除しても削除してもイタチごっこである現実もある。**実際に過去の少年による凶悪事件でも、出所後に名前を変えてもなお追い続けられてさらされているケースがいくつも存在している。この中にはネットなどない時代の少年も含まれており、社会における処罰感情の強さを感じる。実名でなく匿名報道にしても、もはや身バレしてしまうのがネット時代の現実である。

出所後の更生という面に関しては、残念ながら匿名の現状においても少年犯罪の再犯率はきわめて高い。身バレをしていると、少年の再就職の妨げとなり、悪い仲間の誘いに応じてしまうケースも少なくはない。

塾や大学で議論をすると、**真面目に努力をして生きてきた若い人ほど、不真面目な人生を歩んだ同世代に厳しい傾向がある**と感じることが多かった。筆者自身も若い時はそういう感情があった。しかし、実際に出所後の少年たちを取り巻く環境は簡単ではないし、人間とは弱いものであることが年齢を重ねる毎に理解をできるようになった。

出所した人の身元を支える「保護司」という仕事がある。仕事と言いながら、実質的にはボランティア同然で身銭を切りながら、出所した少年が就職する時に保証人となり、自宅に呼び更正が順調か様子を見守りつつ、様々な相談にも応じながら、献身的に支えている人たちだ。

出所後に再就職をしても「21歳でなぜ新人なのだろう？　高校を出て何をやっていたのか？」とか、ふとした不整合や会話から「あいつ怪しいな」と不審がられ、嫌がらせを受けてトラブルになったり、逆に怯えて社会に交われないケースもあるという。

いろいろな現実の問題に揺れ動いて、悪い仲間の元に戻っていってしまう少年もいる。それでも更正を支え続ける保護司は大変で、実際に担い手が減り高齢化もしているという。

筆者もそういう少年少女の支えになりたいと思い、保護司になろうと考えたこともあるが、そもそも都心の狭小住宅では来客のスペースもない。最近はファミレスで会うとか、面接する場を提供する動きもあるという。それでも逆に恨みを買ってトラブルになったりすることもなくはないだろうし、社会で更生を支えるということはとても大きな課題だと感じている。

では、犯罪の中でも、性犯罪を考えたらどうなのだろうか。病理的な要因も絡むケースもあり、再犯率が高いという状況は深刻だ。海外では性犯罪の出所者にはGPSをつける、実名も住所も公表して呼びかけるというケースもある。凶悪犯とはまた違う難しさを感じる。

こうした問題というのは、高校生どころか、大人である筆者自身も、匿名実名報道のどちらがいいのか正直言えばわからないところもある。凶悪犯罪で区切るか、あるいは年齢で区切るのか？　では、どこからが凶悪なのだろうか？　人を殺せば凶悪なのか？　死なくても半身不随にさせたら凶悪なのか？　性犯罪は凶悪ではないのか？　18歳で実名報道なら、17歳は大人じゃないのか？　などなど、実に難しいテーマだ。生徒の中には「中学校という義務教育を卒業したら自己責任だ」と発言した人もいて、同世代だからこそ感じるたった1歳の差の大きさを、実感値から学ぶことは多かった。

大事なことは社会全体で犯罪を抑止していくということ。現実的には日々様々な犯罪が起きていて、これらに対する報道を自分なりに咀嚼して、どうすれば社会が少しでもよくなるのかを考え、さらには選挙などで意思を示していくということが必要になる。

ネット社会にあるような実名・匿名議論だけでは解決しない問題で、誰かを糾弾するのではなく、人が人に優しい社会を築くという大きな枠組みの中に、更正も実名・匿名問題もあるのだということを忘れてはならない。

小学校でうさぎや、めだかなどの世話をしてきた人は多いだろう。人とか動物に対する優しい心を育んだ人は、残虐なことはできないのではないか。人の親として、もし子どもがそういうことをしたらどうすればいいんだろうと、こうした議論を若い人とする度に真剣に考えている。

筆者は一定の年齢までは親の責任があると思っているが、それが何歳なのかと言われたらわからない。様々な週刊誌が未成年者の凶悪犯罪を報じる中で、保護者である親のプライバシーも時には暴いてきた。中には行きすぎだと感じるケースもある。

それは未成年の育成には親の責任があるという私的な処罰感情からだろう。筆者の講義の中で、ある学生は「事件を報道することにそもそも意味があるのか」という質問をしてきたことも衝撃だった。とてもドライな考え方で、逮捕して処罰をすれば済むではないかという考えだろうが、**報道をしなければ冤罪が闇に葬られる可能性もあるし、報道で社会全体に警鐘を鳴らし、先のような議**

論を繰り返して思考し、社会をよくすることを皆が考える必要があると思う。

２０２１年10月31日に、調布市を走行中の京王線の中で、男が刃物を振り回し油に火をつけた事件があったが、この事件を報道することによって、警察が電車内のパトロールを強化するとか、車内の防犯カメラを増設するという対応が行なわれている。他方で車両ごとに防犯カメラを設置するべきだという意見に対しては、乗客のプライバシーを侵害しているという意見も出てくる。

このように、社会問題の解決というのは容易ではない。だからこそいろいろなアプローチで、あきらめずに犯罪というものを考える情報をたくさん出して、議論をしながら防いでいくことが重要だ。

情報社会の中でリテラシーを高めていくには、情報を読み解くだけでなく、その重要な役割を担う報道とは？　教育とは？　など、幅広い要素を含めた思考をしていなければならない。このように多角的に議論をして未成年者の凶悪事件について発信をすれば、様々な立場を踏まえており、また短絡的な見方にもなっておらず、炎上をすることなくその人なりの真意が伝えられるのではないだろうか。正しく伝わることは、多角的な思考の上に発信されているのかがポイントとなる。

2

情報の乾きを知ること

「情報洪水」社会で生きていると、「情報がない」という世界が想像つかないかもしれない。しかし、筆者の大学時代にはまだインターネットは安いものではなかったし、さしてネット社会に情報が集約されている訳でもなく、不思議な半未来の道具でしかなかった。もちろんスマートフォンもなかったし、通話オンリーの携帯電話も学生には手が出せないものだった。デスクトップの大きなパソコンはあったが、持ち運ぶなど不可能なものだった。

こうした1990年代半ばの大学生が海外で長期間放浪するバックパッカーになるということは、日本の情報から隔絶されることを意味していた。その頃の気持ちを思い返し、「情報」がなくなることは、いかに情報にハングリーになれるのかを示せるとよく学生に紹介をしている。

海外から日本の最新状況を知るには、以下の方法くらいしかなかったのだ。

① 国際電話

家族、友人に国際電話をかければ近況や日本のニュースも知ることができる。しかし国際電話はとてつもなく高い時代だった。留守番アナウンスが流れただけでも最低料金を取られ、苦々しく思ったものだ。しかしこの国際電話のおかげで、放浪中に大学の卒業判定が無事だったことを友人から聞けた。今ならＬＩＮＥひとつで済むことだろうが、あらかじめ学生番号を伝え、電話する日時をあらかじめ決めて依頼をしたうえで高い国際電話のコストをかけて確認をしなければならなかったのだ。

② ＮＨＫ国際放送

これはビジネスマンが泊まるような高いホテルでもない限り視聴することはできなかった。バックパッカーとしては、宿泊先のロビーでＣＮＮでも見られれば御の字だった。しかし、中国の中級ホテルではＮＨＫラジオの国際放送が聴けてとても重宝した記憶がある。１ヶ月も日本の情報から遠ざかっていたので、寝る前に夢中になって聴いたことを今でも鮮明に覚えている。

③ 邦字紙国際版

これもとても高かった。どこの国でも３ＵＳドルから４ＵＳドルはしたと記憶している。しかもどこでも売られている訳ではなく、高級ホテルのショップまで行かなければ手に入らなかったし、アジアを放浪するような学生に買える代物ではなかった。

④ バックパッカー仲間からの口コミ

安宿で一緒になった見知らぬ日本人学生同士で盛り上がる食事のネタだった。最後に日本を出た

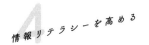

1996 年、カンボジアの首都プノンペンの路地裏は戦後の日本のように感じた

1996 年、タイのチェンマイから山岳地帯へのトレッキングに参加

学生が、「この事件は知っている?」「こんなことがあった」など、最新の日本状況を披露するとみんな驚く。その代わりに先に現地に入った者が旅行先での観光情報などを伝授する。そんなアナログなやりとりだったが、ネットが普及していない時代、最新の情報や自分に役立つ情報を得ようと必死だった。そうでなければ数年前の情報が書かれている『地球の歩き方』しかなかったのだ。

アップデートされた最新の旅先情報を知りたいと思ったら、ブログもTwitterもない時代には口コミだったのだ。バックパッカーの小話で『地球の歩き方』を盗まれて、これ以上の旅はできないと帰国した学生がいたらしい」と、軟弱な学生をあざ笑う話があったが、そのくらい『地球の歩き方』は学生バックパッカーにとっての重要なバイブルだったのは事実だった。

筆者はこの話を聞いて、自分だったらどうしようかと頭の体操をして、安宿街には古本屋があり、『地球の歩き方』も売られているはずだが、数は少なく高いだろうなとシミュレーションしたことを思い返す。実際、欧米のバックパッカーがみな所持している旅行ガイドブック『Lonely Planet』はよく古本屋に売られていた。カンボジアに行った際、当時はカンボジア単独版の『地球の歩き方』はまだ刊行されておらず、バンコクでカンボジア版の英語の『Lonely Planet』を購入して調べた時には、自分もバックパッカー上級になれたと誇らしかった。

このくらい、情報の「乾き」があったことをわかっていただけただろうか。人が生きていくうえで情報とは欠かせないものなのだと、この時代の「乾き」を思い返すと再認識をする。筆者にとってはつい最近の話だと思っていたが、もう27~30年も前で、筆者の講義を受けている学生にとっては生まれる遙か前の話なのだ。情報機器の進歩は社会を大きく変えたことは間違いない。

アジアの安宿街には必ず日本の新聞売りがいた。高級ホテルで高く売られている衛星版ではなく、日本で印刷された数日遅れのリアルな新聞があるのだ。不思議に思い事情通に聞いてみると、空港に到着した出張者がゴミ箱に捨てた新聞を拾って売っているとか、機内から捨てられた新聞が横流しされているとも言っていた。真偽はわからないが、衛星版ではなく、さらにその価格よりも安く買えることは間違いなかった。バックパッカーは長い時間日本を離れており、その間スマホもネットもないので日本の情報がわからない。この新聞はとても価値があるものだった。

大学や塾で生徒と話をすると、「スマホを落としたらもう旅はできなくなる、どうしたらよいかわからなくなる」と言う。なるほど今の学生らしい発言だ。しかし、スマホなどなくても情報はしたたかに得られるものだと伝えたい。「たまにはスマホを離れて考えて、感じてみよう」というメッセージを常々発信している。もっとも、ワーカホリックであり、有事の対応を求められるテレビマンである筆者は片時もスマホを離さないことは学生には内緒である。

3 ニュースへの感度を高めるためにしていること

筆者はニュースへの感度を高めるために、いち早く最新のニュースを知ることに努めている。それを体内時計としてつくり上げてきた。学生から「先生の1日のスケジュールをお伺いしたいです。どうやって忙しい中で情報を仕入れているのかポイントはありますか?」という質問を受ける。そこで、ニュースへの感度を高めている筆者のプロデューサー体内時計(1日のスケジュール)を紹介したい。

06:30〜 起床 海外ニュースをチェックする時間。米国株価など
07:00〜 NHKニュースや新聞を見ながら準備
08:00〜 出勤 電車内ではSNSやニュースアプリを見る。時には文庫本も
09:00〜 会社で朝刊各紙やワイドショーをチェック
各部からの最新情報の報告を聞く
11:30〜 昼の民放ニュースで最新情報をキャッチ
12:00〜 昼のNHKニュースを確認

12：30～　各部から最新情報の報告を聞く
16：00～　夕方のニュースを確認
19：00～　NHKのニュースを確認
19：30～　取材先などと会食（コロナ前の行動パターン）
22：00～　帰宅後、スマホでSNSやニュースサイトをチェック
23：00～　米国や欧州市場の動きを確認
　　　　　生活に必要な情報を収集。余裕があれば録画や動画サービスを視聴、読書
25：00～　就寝

情報を収集する際に大事なことは、**世界の動きと自分の動きが連動しているのか**ということ。日本の株式市場の時間、NYの株式市場の時間を意識する。この意識は仕事をしているビジネスマンにはとても大事な感覚だと思う。

「株取引に関わっていないのに必要なのですか？」「農業でも必要なのですか？」という声が聞こえてくるが、答えから言えば「必要」ということになる。

市場や株取引と言うと、とても高度なことのように感じるかもしれないが、一つひとつの工場の動き、作物の状況、あらゆるものが積み上がって反映されるのが株式市場になるからだ。

世界経済の動きを知ることは、自分の仕事、学生であれば就職活動に、そして主婦であれば家計のやりくりに影響があるのだ。市場での動きをリアルタイムで知ることは人生設計はもちろんだが

生活防衛にもなる。パルプの価格が上昇しているから、値上がりする前にトイレットペーパーを購入しておこう、ガソリン価格が上昇しているから今度の旅行は電車のほうが効率的、などなど細かいところでも生活防衛になる。

もちろん、**企業活動への視点として世界経済を把握することが重要なのは言うまでもない。**筆者が知り合った経営者で素晴らしいと感じたのは、あるおしぼり会社を経営する若手のF社長だった。

おしぼりを飲食店に配達し、回収して洗濯し、包装して配達するというアナログな日々の中で、このままでは経営が先細りになるという危機感を強く持ち、まずは衛生を守るという概念に着目した。そこで大学に共同研究を持ちかけ、さらにF社長自身も大学院の博士課程に進んでいる。日々の経営をしながら、おしぼりが持つプラスの面を極限まで伸ばそうと考えた。付加価値を高めることで日本のおもてなし文化をどうすれば世界市場に普及させられるのかを真剣に模索している。筆者と同年代で、こんな格調高い発想をして攻めている経営者がいることがうれしく、心より感動した。ともすれば誤解されがちな「おしぼり業」に対する偏見を払拭したいという気持ちも前向きなパワーに転化させたということだった。

中小企業が自らの価値を見据え、世界を見ていく。周囲にはドン・キホーテのように映った人もいるのかもしれないが、筆者はこの方は地に足をつけながら広い視野を持つ本物の経営者だと感じた。このように**世界を見据えながら自分にプラスになる情報を得て、実践していくためにどうあるのかを考える**日々が重要だと思うし、そのためにはまずは**世界の時間と自分の時間をリンクして情報を取る**ということだ。この経営者は、自分の会社の経営のみならず視野を広く持ったことが攻勢に転じる際にプラスとなったのだ。

具体的には、朝起きたらアメリカ市場の状況を東京市場がはじまるまでに確認して、今日の予測を立てる。欧米で何が起きているのかを知るには、海外のニュースアプリが効果的だ。通勤や通学の時間をうまく利用できるものでもある。

そして昼間は日本の情報がたくさん入ってくる。邦字紙、雑誌、ネット、ニュース番組、ワイドショーなどから、そして何よりも仕事や学業を通じた情報が入る。夜になればＳＮＳ、動画配信サイトでの映画、読書など。教養を深めることもとても大事な情報収集だと考えている。

こんな日常に、さらにジムに行く日、習い事をする、資格試験の勉強をする、子どもの将来を議論する時もあるだろう。

人間の学びとは、豊かな人生そのものであり、それに付随して情報を選択していくことはとても重要なことだ。

学生からは「こんなタイトな生活でよく映画を見られますね」と言われることもある。映画はやはり平日はなかなか厳しく、週末の夜に見ていることが多い。週末で仕事がなく、家族が先に寝て、自分も疲れ果てることなく起きていられる日、この3つをクリアできることはなかなかないが、それでもこの映画鑑賞の時間がある時は幸せだ。だからこそ、時間の無駄になるような映画は観たくない。タイトルや概要という情報から選択するのもかなりの力が問われていると思う。好きなジャンル、国、俳優、受賞の有無などの情報は大事な判断、選択の基準となる要素だ。

生活のサイクルに、自分にとって必要な情報を仕入れる行動を組み込むことがおすすめである。生活習慣にしてしまうのが確実な方法だからだ。

4

情報の幅を広げる方法

「先生は、ニュースを見るうえで何を意識していますか?」という質問も学生からよく受ける。つまり、どういう意識でニュースを選んで見ているのかという趣旨だと思うが、**「自分に役に立つかどうか」**だと回答している。

これはとても大事な視点だと思っており、なぜ情報を得るのかと言えば、最終的には自分の人生や職業にプラスになるからだ、つまりは生きるためなのだ。

「情報の胃袋」には、まずは「食べる決定」をしなければならない。これが「情報の選択」。そして口に入れて胃袋まで行きつくと、「消化」をしながら栄養として「整理」していく必要がある。消化不良であれば栄養として「整理」されることなく排出されてしまう。しかし「消化」と「整理」がきちんとされれば、適切な栄養となり、元気が出て得たものを「発信」することができる。そして「発信」をしていけば、気の合う仲間ができたり、新しい情報を得ることができ、さらに素晴らしい情報に巡り会うことができる。情報の適切な循環が情報化社会で健康に生きる中では必要となる。

情報のサイクル

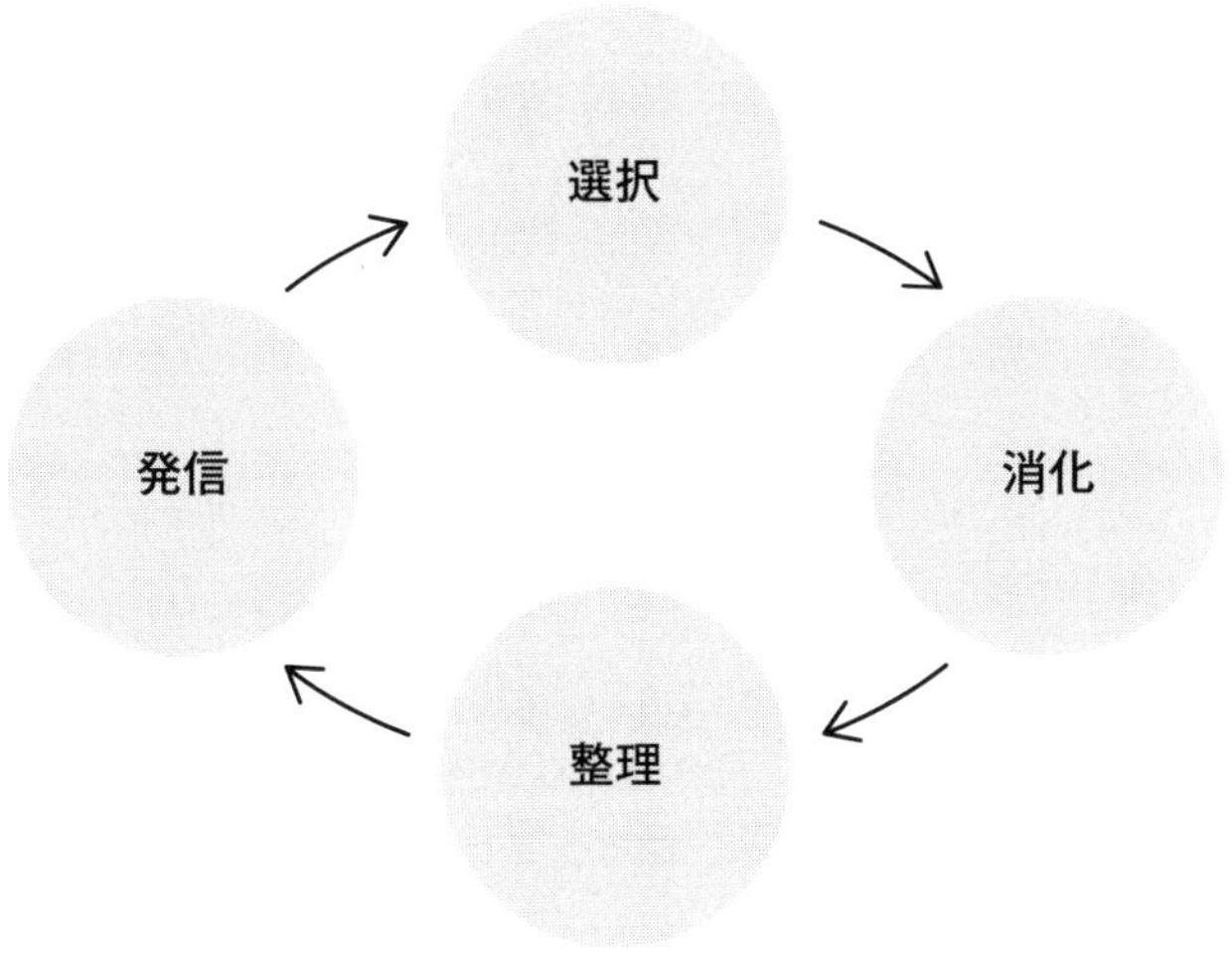

この循環の中で学生からは「情報をどう整理していますか？」という質問も多い。これはかなりアナログだが、筆者は**ノートほど、整理して見返す際の視認性に優れたものはない**と思っている。**「仕事ノート」「お金ノート」「育児ノート」「老後ビジョンノート」「学術ノート」など、レギュラーで更新をしているものに加え、「家建築ノート」「出張ノート」など、単発で起き得るイベントに備えたノートもつくる。**

さらに仕事ノートは数種類に分けている。スマホでは気になった記事などを画面保存しているのだが、このやり方ではあとから見返せない。あくまでも短期的なメモになるだけだ。その中でも関心があると思った新聞記事などはコピーしてノートに貼るに限る。そこに箇条書きで自分が考えたことをメモとして書くだけで必要な情報のストックになる。

しかし、コロナ禍以前に**大事にしてきたのはとにかく「人と会う」こと**だった。特に会社の外の人にどれだけ知り合いを増やせるのかだ。名刺を多くの人に配り、その中からメールやＬＩＮＥでやりとりを繰り返し、再び会う。さらにはそこから仕事を超えて時に相談をしたりできる関係に発展することが目標だ。

ここまでの関係値となる人は相当割合が低い。筆者の場合には１％いるかどうかだろうか。コロナ前には毎年名刺を６００～７００枚くらいは配っていたと思うが、この中で１％というと、年に６～７人しかこうした関係に発展していないということだ。

しかし顔も覚えていない名刺よりも、１％のリアルで深い相談をできる関係こそが財産だと思う。そこから何年も継続していける関係こそが人脈なのだろう。

コロナ禍ではこうした行動が制限をされていたが、知人の紹介などでリモートを活用し、ご挨拶からの打ち合わせということは違和感がなくなった。最初は「初めまして」からリモートというのに違和感もあったが、慣れれば在宅でも会社でも移動なくできて時間のロスはない。効率よく打ち合わせもできるものになった。

そして、様々な年代の人から情報を得る機会をつくることも大事だ。高校生に予備校で教えたり、大学生に講義をしたり、20代の若手勉強会に出席したり。40代から50代向けの勉強会もある。

さらにはリタイアされた60代や70代の方とお話をすることもある。

プラスマイナス30歳くらいの方と平気で友達になれる感覚を持つことは、自分の幅を広げてくれる。講師の立場でなくても、趣味の会もある。老壮青で交われる柔軟性があれば、情報の幅も広がる。読者の皆さんもぜひ意図的に情報の幅を広げてほしい。

5

メディアの「癖」を正しく知ること

「メディア」と一言でいうが、**新聞、ラジオ、雑誌、テレビ、この4つは歴史が古く「マス4媒体」と呼ばれている伝統主要メディアだ。**インターネット系は新しいメディアである。筆者はこの中でも地上波テレビ局の夕方のニュース番組「news every.」で統括プロデューサーという責任者をしていたので、テレビニュース制作者の目線から、ほかの媒体との違いを説明していきたい。

最近のテレビニュースを賑わす国際ニュースのアクターといえば、ロシアのプーチン大統領、ウクライナのゼレンスキー大統領、中国の習近平主席、北朝鮮の金正恩総書記など、キャラクターも濃い。日本では安倍晋三元首相は存在感があったが、一昔前の福田康夫元首相や野田佳彦元首相など、人のよいおじさんキャラではないのだ。濃いキャラクターには、強烈なファンと強烈なアンチの両方が揃っていると思う。こうした強力なキャラクターの登場人物が介在するニュースを、テレビは好むと専門家には指摘をされており、こうした**個性的な人物に注目しながら伝えるニュースを「ソフトニュース」と呼ぶ。**

事件や事故などの劇場型のもの、そして個性の強い人物を軸に描けるニュースがテレビ好みとされてきている。しかし実際には、難しい数字的な話など、映像を伴わないニュースをどう伝えるのかも開発はされてきた。図で説明するとわかりやすいものはスタジオでのモニター画面での解説が適している。

一方で新聞は、活字で正確に咀嚼しながら、時には調べたりもしながら読めるところ、さらには価値付けが紙面の大きさや置き位置などから理解できるように編集されているところなどが素晴らしいメディアだ。同じ記事を読むのでもネットで見るのと紙面で読むのでは価値が違うと筆者は考えている。

新聞は編集された意味が目に飛び込んで来ること、紙面を開くことで自ら読もうと思っていなかった記事に出会い、新しい事実を知ることができる媒体だ。1面には新聞各社のプライドがかけられており、スクープ性の高い記事や、社としてこれを一番に伝えるべきと判断をした大きなニュースが置かれる。

また「社論」機能を持つことは新聞の大きな特徴だ。世の中や特定のイシューがどうあるべきなのかを考え、論じるための提起をしている。若い人たちには、ゴミ捨てが面倒だ、ネットで読めるなどと安易に考えずに、ぜひ新聞を紙で読んでほしいと話している。

ラジオは、労働をし「ながら」で耳に情報を入れることができる点が特徴だ。テレビのように画面を視聴する必要がないからだ。昔は青果店やタクシーやトラックの運転手さんがよくラジオを聞いていたが、最近ではとんと見なくなった光景ではある。

筆者も中学生の頃に勉強をしながら深夜ラジオを聴いていたことを思い出す。あの小さな受信機から漏れてくる大人の世界にあこがれたものだ。

雑誌は今もよく読む媒体である。ぱらぱらとめくりながら、関心のある情報を掘り出せる。しかし、こちらはすっかりネット記事に力を入れており、ネットでの会員制記事が増えた。雑誌は比較的見出しで読むことの割合が高く、逆に言えばそれだけインパクト勝負な媒体だけに、ネットで見出しを見て読むことと雑誌を手に取ることの違いは少ないように感じている。

記事の内容はすでに他メディアが報じたあとの深掘り、あるいはまだ報じる前の独自性、時にはそのスキャンダル性のインパクトで読んでいる。

こうした伝統的メディアを凌駕しつつあるのが、ネット媒体だ。すでに新聞、テレビ、雑誌は本格的にネット記事を発信しているし、ここでの速報力は大きい。ラジオは受信機がなくともネットで聞けるように形を変えた。

LINEを見ていれば、どこの社が出したかはともかく、どこよりも早くすぐに手元に「速報」が飛び込んで来る。どこかの画面を見続けている必要はないし、見逃すことも少なくなる。

ネット上の記事の難しさは、拡散されていく中でニュースソースが不明確なケースや、真実かわからない情報が拡散されていくことだ。「まとめ」的なサイトはよりその傾向が強くなる。いろいろな情報を切り貼りしているだけに、違う情報源が混在してしまうのだ。

またネット媒体では、「編集方針」や「コンプライアンス基準」がきちんと確立されていないことも見受けられる。興味本位なだけではなく、報道を伝えることの真価がネットメディアも問われるだろう。

このように媒体によっての違いがあるが、筆者は次のように特色を名付けている。

横のテレビ：「人の面白さ」であり、「感情への共感性」がどれだけ高いのかが重要なポイントとなる。**「隣の人と話したくなること」**を伝える、町中の人々、まさに横にいる人と同じ目線で話題にするのに最適な情報を出すと定義をした。

上からの新聞：〝上から〟というのは悪い意味ではなく、**大所高所から世の中がどうあるべきなのか、理想を追及**し論じる。地域から世界まで最も幅広く、深く知ることができる媒体である。

下からのラジオ：現場で労働している人たちの庶民の視点がある。ストリート、地べたという意味で〝下〟と表現している。深夜トラックの運転手さんに向けて演歌を中心に流す番組が長くあった。庶民的な日常の話題や、歌謡曲を流すなど耳からの媒体であり、視覚障害者の方々には有事の

メディアごとの「特性」

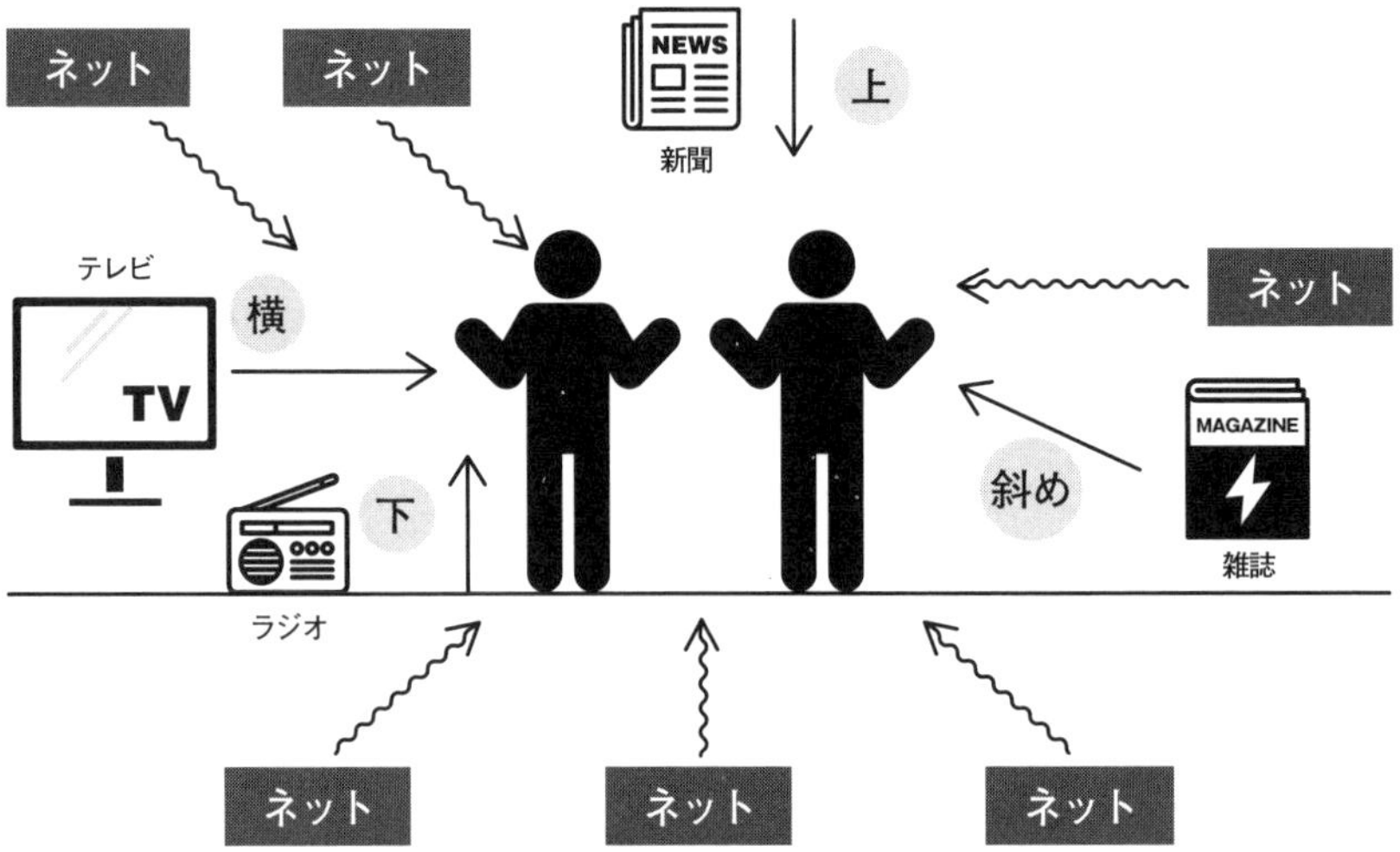

際の強力なライフラインとなる。

斜めからの雑誌：新聞やテレビと同じ報道をするには時差があり、**独自の目線をつけて伝えなければならない。**スキャンダル、ゴシップ的な要素も多いので〝斜め〟という表現を使った。

縦横無尽のネット：インターネットメディアは**「方向性なき言説」**である。多様な書き込みを重視していることもあり、様々な立場からの言説が飛び交う。これが強みであり、つまりは「縦横無尽」と定義したい。**方向性も様々であり、取りまとめている人もいない。個の集合体の言論である。**大所高所や外交を議論するのも好きだし、一方で雑誌でも書けないプライバシーを暴露したりもする。

こうしたそれぞれのメディアの「癖」を知

り、付き合うだけでずいぶんとニュースの消化がスムーズに進むと思う。取り上げるネタも、メディアごとに違いが出てくる。

テレビは事件事故の話題が多く、テレビで大きく取り上げても、新聞ではベタ記事（紙面の下部段に並べられた文章だけの記事）ということも珍しくはない。逆に新聞では大きく取り上げられている政策ネタがテレビではまったく取り上げられていないということも時にはある。新聞は役所のペーパーがあれば書けるのに対し、テレビは映像が伴わないとニュースにしにくいからだ。また新聞は「政治面」「経済面」など、テーマごとの紙面スペースがあるが、テレビは総合編成であり、大きなニュースがあると、繰り返しアップデートしながらそのネタを中心に伝えられることになることも要因だ。

雑誌で言えば、「霞ヶ関や企業人事の裏側」的な記事は読み応えがあるものも多い。ゴシップを伴うものもあり、なかなかテレビや新聞では記事にはしにくい、雑誌ならではの深掘り記事だからだ。

ネットにはテレビ、新聞、雑誌、ラジオにはある〝編集〟というものが、大手検索サイトのニュースコーナーなどを除けばほぼない状態で、自由な「言論空間」である。これがネットの魅力であり、人々のテレビへの本音がわかることから、実は筆者は**オンエアに立ち会いながら「5ちゃんねる」の「実況」を見ている時もある。**大半は、興味本位なものや、下世話な突っ込みではあるが、時にかなり鋭い指摘もある。

制作者としては、局への投稿や電話の声以外にも、真摯に様々な視聴者の反応を見たいと思う。

やはりネットの力は今や軽視できず、この数年ではネットで拡散されて話題になっている事象を、テレビニュースで取り上げるというケースも増えている。

「情報洪水」はメディアの境界や垣根も低くしている。それだけに見分けのつきにくい「癖」を知り、それぞれの強みを利用すれば、よりタフに情報を得ることができる。

6

炎上を防ぐため、情報の「選択」「消化」「整理」「発信」が重要

重要なポイントなので繰り返し述べるが、現代社会に溢れ出る情報を、人は何らかの理由で「選択」する。そして選択をしたあとが大切になる。いかにしてその情報を「消化」をするのか。きちんと消化された情報は必要なものであり、血や肉になる栄養なので「整理」をしておくことが重要になる。なぜ「整理」をすることが重要なのかといえば、きちんと「整理」をしておかねば、適切なタイミングで、適切な内容の情報として「発信」をすることができないからだ。

この項では「発信」を特に考えたい。日常の会話として発信されて終わる場合もあるし、SNSで発信する材料になることもある。さらには仕事の業務や学生であれば論文の材料として使用する場合もあるだろう。対面で発信をすれば誤解を防げることもあるのかもしれないが、SNSや論文など、不特定多数が閲覧し、自分が関与できない場所への発信は誤解が生じる場合もあるし、それに気付かないままのこともあるので特に注意が必要となる。

このように、発信を誤れば大変なことになることはおおかた想像がついているだろう。ではなぜ発信を誤るのかを考えてほしい。それは先程述べた「消化」と「整理」がうまくできていないから

だ。「消化」には自身の胃腸の調子も考えながら、また消化をするための胃酸、消化酵素、そして胃の蠕動運動《ぜんどううんどう》も重要になる。このように消化を助ける要素というのが情報を読み解くポイントであり、そこを適正に理解しなければならない。

消化するためには、まずはこの情報が事実なのか調べるというプロセスが非常に大切になる。このプロセスには知識や実際に見た情報も大きな助けとなる。しかしコロナを事例にとれば、事実を冷静に見ることがなかなか厳しいのだという現実にも直面する。

講演などをしていると、「自分も実はコロナ鬱になった経験がある」という人が高校生から社会人まで一定数いた。やはり新型コロナウイルスという未知で、治療法も確立されていないのに流行しているウイルスと日々向き合うと、真面目な人ほど悩んでいるのだと感じた。

コロナ禍初期、筆者も体調が悪くなるとコロナなんじゃないかとまず心配になった。筆者の年齢になると本当に亡くなってしまうケースもあるし、コロナにかかってしまうかもという不安に日々向き合っていると、根拠のない考えにとらわれてしまう。

ある朝、ゴミを家の前に出そうとしていて、一瞬だからいいやとマスクをせずに玄関を開けたら、ちょうどごみ収集作業のお兄さんがいて、目が合った。見るとその作業員さんがマスクをしてない。「やばい、ノーマスク×ノーマスクではコロナになったかも」と思い、すぐに入念にうがいをした。

情報の消化

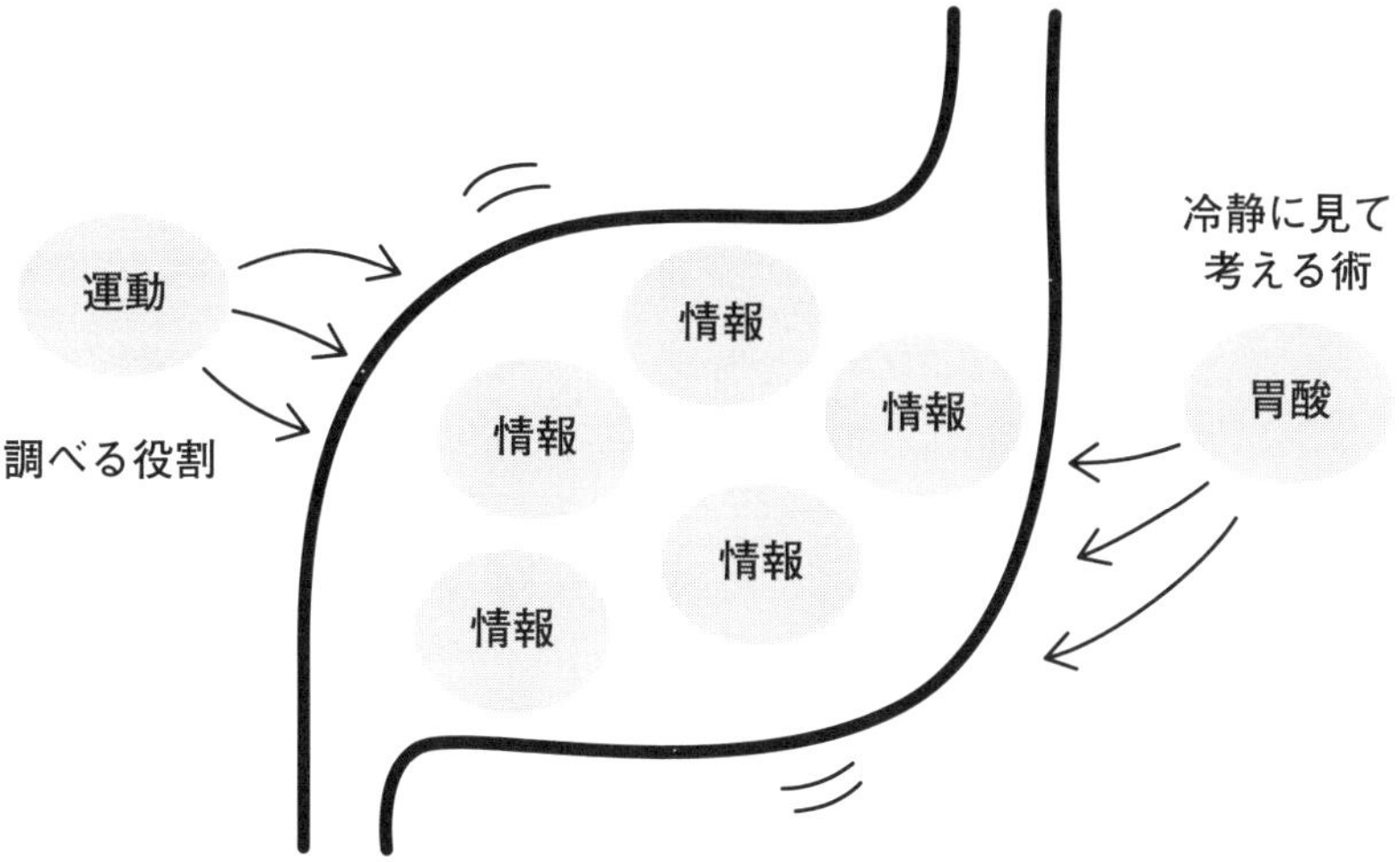

しかし咳もしていない、一瞬の会話もしていない5秒で感染をするのか。そもそも作業員が感染しているのかもわからない。不安となる根拠がどれだけあるのかは自信がない。この状況がまさに、断片情報による想像が医学的な見地よりも勝っている状況だ。社会的な不安があると、いかに断片的な情報でも増幅をしてしまい、冷静になれなくなることがわかった。

もしこの時に「コロナになったかも」とか、自分を棚に上げて「作業員からうつるかも」などと発信をしていたら、批判を受けた可能性がある。不安になることをつぶやく時こそ、きちんと消化していないと炎上につながるということだ。不安や批判ほど冷静になり、「発信」する必要がある。

7

ジェンダー平等へ考えを進化させる

情報の消化が難しい問題は、現在進行中の課題で社会的に意見が分かれている。

学生は身近な課題に敏感で、「ジェンダー平等が根本的な解決に至っていないのはどうしてだと思いますか?」という質問をよく受ける。特に意識が高い学生ほどＬＧＢＴＱの問題にも関心が高い。

「男女平等」については、日本では大正デモクラシーくらいから芽生えている問題意識だが、男女のみならず多様な性の認識を等しく考える「ジェンダー平等」というところまで来ると、新しい課題だと言える。日本では、平等に異を唱える人が少ない反面、あまり議論をしていないし、言葉に出さない分、差別や偏見が水面下で進行している事例も少なくないと言う。

一方、アメリカでの議論を見ると、移民国家で外見、宗教、価値観が大きく異なる人々の集合体なので、〝違う〟前提から議論がはじまる。こうした国による違いもあるが、筆者の講義ではタブーなく議論を提起している。意識の高い学生だけに、一様に差別に反対だということが多い。そこで筆者はあえて違う視点をどんどんぶつけていく。これが情報の消化につながるのだ。「差別はいけない」という公共善だけを考えているうちは、本当の意味で差別を理解していないことが多いのだ。

具体的には「男女の体の差をどう考えるのか?」「〝神に与えられた性別〟と言うキリスト教保守派の人々の考え方は尊重されないのか?」「自分の子どもがＬＧＢＴＱだとしたらどう考えるのか?」などなど、次々に疑問を突きつけていくと、議論は活発になる。そしておそらくは多様な受け止め方への認識の差は完全に埋まることはないし、逆に埋まるように考えを押しつけることもしない。

違う考えが存在し、進行中の課題であることを理解し、お互いを尊重することが重要であると考えている。筆者が息子に実際に教えているのは、「お年寄りがいたら席を譲ってあげなさい」「困っている人がいたら助けてあげなさい」「妊婦さんがいたら席を譲ってあげなさい」ということ。

男性は妊婦にはなれないし、男性にも体調の悪い人はいる。おじいさん、おばあさんと教えるとＬＧＢＴＱの高齢者もいるのだから、「お年寄り」としている。性別で判断をするのではなく、多様なハンデがある状況の人に優しくすることが、差別をなくすことだと考えているからだ。

「ジェンダー平等だから優しくしなさい」というよりも、「人として人に優しくしなさい」という視点でこの問題の情報に対応している。人として平等であるなら、ジェンダーを超えて平等であり、結果的にジェンダー平等なのだと解釈している。

性別は存在し続けていくものであり、息子には「男の子だから強くなりなさい。しかしそれは弱い人を助けるために強くなるのだ」と教えている。「男の子でしょ」などと、最近の若い人は言われずに育ってきたそうだ。しかし、それもどうなのだろうというのが筆者の性認識だ。

異論もあるだろうが、異論を認め合わなければジェンダーの問題は価値観や宗教観でもあるから進展しないと考えている。しかし、女性だから管理職にしない、女性だから給料が安いという、そもそも働くということの条件が同じなのに、待遇が性差により違う、さらには男女とも異なる性認識だからというのは明らかな差別であり、社会的に許されないことは言うまでもない。

こうした進行形の新しい社会概念は様々な角度で議論しなければならないし、日進月歩で解釈も変わる問題だと思う。筆者自身も生活環境の中でジェンダーへの考え方は変化をしたと感じている。そしてこうした日進月歩で多様な価値観がある問題こそ、反対の立場の人への配慮が必要で、多様性を認めながらより丁寧に接することが、人を傷つけないことだと思っている。

8 頭脳フォルダーで情報を整理する

続いて、情報の「整理」をどのようにしているのかをお話ししたいと思う。**自分が関心あることとの頭脳フォルダーをつくる**ことだ。パソコンのデスクトップや検索サイトのお気に入りを想像してもらうと理解が早い。筆者であれば具体的に「仕事（本業）」「研究（サブの仕事と考えている）」「海外事情（業務とプライベート両方の関心事）」「社会貢献（プライベートの関心事）」「旅行（趣味）」「グルメ（趣味）」「健康（プライベート）」「育児（プライベート）」という**大フォルダーがあり、その中に枝分かれした小フォルダーがある。**

このように、脳内およびリアルの作業で、何が関心あるテーマで、何を自分が目指しているのか。この立ち位置をしっかりさせることが情報の整理には欠かせない。

例えば「仕事」であれば、「ウクライナ」「コロナ」など、日々の大きなネタとしての関心から、「通商」「中国経済」などの経済記者時代からの関心事。さらには「予算管理」など、マネジメントの部分。無数に小枝がある。

社会人ならばまずは本業、そして学生ならば専攻といった大事なフォルダーがあり、あとはそこから派生したサブのテーマが、筆者の場合には「研究」となった。メディアとして多くの情報に接してきた中で、世の中を考えると若い人に様々な知見を提供し、日本という国の人財、さらには日本を取り巻く国々の若者の育成も含めてコミットしていくことは、きわめて重要だと思ったからだ。

実際に大学の研究員をしたり、大学、予備校、さらには様々な勉強会や学会などで講義や講演をしたりしており、研究領域への関心事は大きなものだ。

社会貢献も仕事から派生した領域で、リオデジャネイロのパラリンピックに出張した際に、パラアスリートのすごさに衝撃を受けたことが契機だった。健常者でも勝てない、健常者にない能力で戦うアスリートを尊敬したのだ。様々な人々が勇気を持つための支援をしたいと本気で考えると、なぜか人として優しくなれた。

趣味は、コロナですっかり行けなくなった世界の街歩き。今は国内で、意外と地元の街歩きを楽しんでいる。地元にもまだ知らないいいところがあるという再発見を時間がある時にしたいと思っている。

趣味が先か、食べることが好きなのが先かはわからないが、「グルメ」もリンクしてくる分野。そして「健康」と「育児」これも隣接した分野だと思う。中年になり授かった子どものことを考えると、育児と健康になる。特に幼少期の男の子は本当によく熱を出すので、子どもの病気にも詳し

頭脳フォルダー

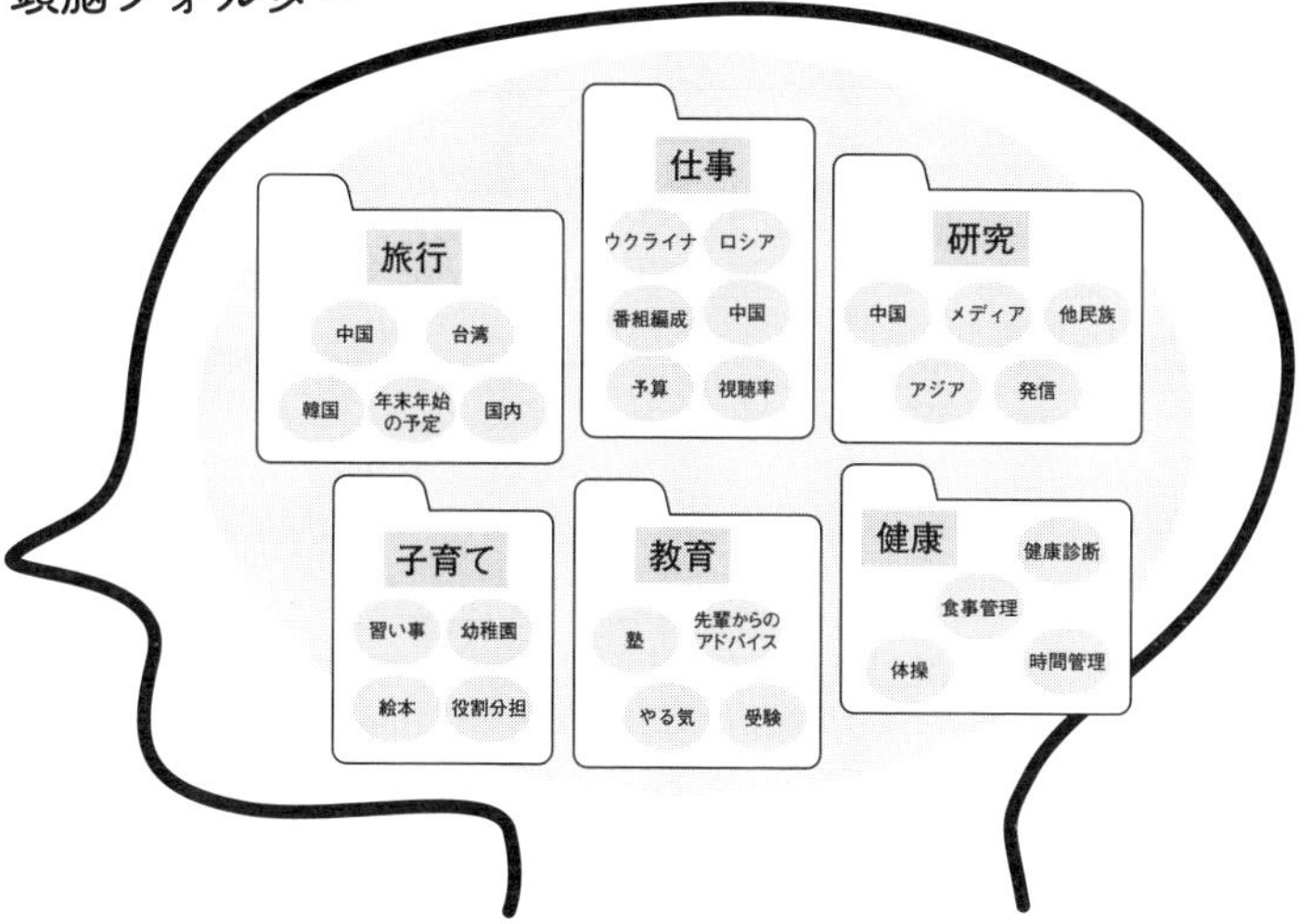

くなった。

このように自分の関心事がいくつかあるだけで、どんどん引き出しは増えていく。このフォルダーを脳に用意してニュースを見ているだけで、ずいぶんと整理につながる。そしてこのフォルダーを実際にパソコンのデスクトップに置いたり、筆者の場合はノートにテーマごとにどんどんスクラップしたりして、気になることを書いていく。その蓄積が大きな力になるのだ。

このように決めた引き出しにきちんと整理されている情報は、いつでも取り出して活用することができる。

9

発信時のルールを考える

情報を消化し、多面的に理解できた。そして整理してある。そうすると次はいよいよ「発信」をすることができるようになる。実際に学生からも「先生は自分が発信する時に気をつけていることはありますか?」と聞かれる。筆者は匿名で趣味のSNSアカウントを持っており、それなりにフォロワーもいるので、その事例をお話しすることが多い。

①　感情に任せて発信してはいけない

発信する前に一度冷静に見直す。冷静にというのは、これを読む人がどう思うのかを考えるということだ。

論争をふっかけてくる人というのがTwitterには必ずいる。筆者自身も経験があるが、丁寧に返信をしても違う視点からねちねちとこちらを刺激してくる。こういう人は「炎上商法」である可能性もある。フォロワー数の多い人に絡み、論争に勝利してそのフォロワーの支持を得ようとしている。こうした時ほど丁寧に冷静に返信をして、次第に逃げていくことが重要だ。ブロックすることはさらに相手を刺激するケースが多い。SNSで複数のアカウントを持ってる人もいるし、捨てアカウントを利用し、執拗に攻撃を繰り返す人もいる。炎上すると折角のアカウントを閉鎖に追い込まれることもあるので、自らの発信機会を大切にするならば、なおさら冷静な対応を心がけたい。

② 発信は将来まで取り消せないことを考える

学生から筆者が教えられた言葉に**「デジタルタトゥー」**というものがある。いわゆるデジタルの入れ墨であり、要するに1回発信したことはサイバー空間上で跡になって消えないということを意味している。しかも入れ墨と似ているのは、消してもよく見れば消した痕跡が残るケースが多いということ。自分は削除しても、拡散されていたり、スクショされていたりして、ネット上のどこかで探し出せてしまうことが多いのだ。こうした状況からデジタルタトゥーというふうに言われている。つまり**将来を考えるならば、消さなければならないような発信をしない**ということに尽きる。

③ 下から入る。自慢にはオチをつける

自慢というのは人の鼻につくものであり、突っ込みを与えかねない。ある人が旅先にファーストクラスで移動し、ホテルのスイートルームに豪華なワインが置かれている写真を掲載し、自分のセレブ生活をＳＮＳで自慢していた。しかし、この発信者が掲載している写真はほかの投稿写真を盗用していると暴露され炎上した。芸能人でもセレブ生活をＳＮＳで発信するために写真を借りていることが明らかになるなど、自慢するほど本当にそうなのだろうかという嫉妬から生じる疑念を招く。大学生がセレブ生活を自慢すれば、「パパ活」をしているということが暴露されたりもする。

ＳＮＳで掲載する際には苦労話などを掲載し、高級ワインを掲載するにしても「半額セールで入手した」と書いてみるなど、共感を得るための工夫をする。こうした庶民性を持ち合わせていることを強調したりすることを「下から入る」と表現している。またビジネスクラスで移動しているとしても、ことさらこれを大きくかき立てるのではなく、「マイル利用をした席」とか「オーバーブッキングでラッキーなことにアップグレードされました」ということを記載したり。「優雅な時間を終えると現実の満員電車が～」というくだりをつけたり、見ている人を刺激しないための様々な工夫が光ることになる。

④ストーカーに気をつける

これは言葉が非常に難しいが、恋愛の対象と見られそうな人々は気をつける必要がある。実際に筆者の知人の女性にも、しつこいお誘いを受けたり、身元を特定しようとしてくるフォロワーに困ったり、オフ会で会ったらストーカーされたという人がいる。匿名の世界のＳＮＳでは、趣味の発信で意気投合したとしても、属性を把握していない人にリアルに会うのは危険も伴うということだ。ましで**自宅の周辺を安易にアップしたり、プライバシーに関わる発信をすることは危険だ。**自宅エリアを類推できてしまう自宅の窓から映る外の景色などにも注意が必要だ。

発信をする際には、発信が誤った内容になっていないか、中身を精査するとともに、どう自分を守るのかをしっかりと考える工夫が、新たなＳＮＳルールであると感じながら利用をしている。

10 SNSで論争することの不毛

SNSというのは、何かを「推す」行為でもあるので、そうなると時に何かを比較的に考察しなければならないこともある。しかし、否定的な感情を持つことに対しては、よりトーンを抑えて発信しなければ、誤解や批判を招くことがある。

サッカーでAチームが好きであれば、それ以外のチームのことを書いたり、試合の結果で対戦相手を批判的に書くケースを例に考えればわかりやすいだろう。相手チームをこき下ろせば、それが事実であったとしても相手チームのファンはいい気分にはならない。そうなるとデータの間違いだとかいろいろ些細な部分で攻撃されることになりかねず、このあたりから論争になり炎上を狙ってくるだろう。

もっとも筆者も報道機関の人間としてテレビで解説をしていた頃は、個別の経済政策を批判した経験がある。この政策を反対する人々や政党から、自分の批判の根拠となる部分のデータなどで突っ込みを与えることはないか、**一歩下がって冷静に、反対の立場ならどのように考えるのか**をよく考えたことを思い出す。

ある国会議員が「あなたは疑惑の総合商社だ」というワンフレーズで別の国会議員を追求し、疑惑にまみれているという厳しい批判をして、メディアに多く取り上げられたことがある。後日、その質問者にも疑惑があることがわかり、厳しい言葉で批判をしたことがブーメランとなって自分に返ってきてしまった。「発信」というのは、大きな影響があることほど慎重に考えなければならないという点をこの事例は示している。

若者はSNS上で、政策などの真面目なことを論争しているのか興味がわき、デジタルネイティブ世代の学生たちに「ネット空間は政策論争のアリーナになると思うか?」と尋ねたことがある。しかし若者の反応は冷静で、**「論争と言えるのか疑問がある。これは意見というよりも、実は感想の集合体ではないか」**という定義付けをしており、非常に感心した。また**「意見の集合体、感想の集合体」**と答えた学生もいた。

こうした若者の意見からすると、一見SNSでは政策論争をしているように見えるが、実は多角的な議論というよりも、**自分が言いたいことの意見か人への感想をつぶやいているだけ**。つまり議論が交錯し深まっていくのでも、解決策を見出すのでも合意点を探るのでもないということだ。

若い人が政策への関心を持つ契機にはなるのだろうが、政治参加を促すこと、深く考えての投票行動に結びつけるには、まだまだ超えなければならない環境整備や仕掛けが必要になると感じている。

11

番組プロデューサーのチームマネジメント術

様々な場所で講演をしていると、「将来の夢は、大野さんみたいにテレビプロデューサーになることです。実際に番組をつくるうえで大切にしていることを教えてください」という質問を受ける。

番組を制作する、TikTokで動画を制作する、これらは「発信」であり、プロか素人かという違いはあれども、共通している部分も少なからずある。

表現をしたことが支持をされるのか、されないのかは、明確にデータでわかる時代だけに「発信」をする（筆者で言えば番組をつくる）ことの責任は大きく、プロデューサーとは一言で言えばその責任者である。

筆者は「Oha!4 NEWS LIVE」のプロデューサーを2年間務め、そして3年半にわたり「news every.」の統括プロデューサーを担ってきた。この間に「成功の遺伝史」「3・11特番」などいくつかの報道として関係している単発特番のプロデューサーも務めた。キャスター、アナウンサーは制作方針に則り発信する伝え手である。TikTokなどでは一人ですべての役割を担うが、テレビ番組の場合には非常に多くの役割の人が集まり制作をしている。それだけ多くの目で〝伝えること〟

を確認しながら進めるのだ。

5年半にわたりプロデューサーという責任者として、何を一番大事だと思って番組制作をしてきたかというと、**コンテンツの中身という点では、「信頼をされるニュース番組であるために、間違いがないこと」**だ。

しかし同時に、**「番組を担うスタッフ一人ひとりの幸せをつくること」**も最重要事項だった。**会社に行って楽しくない人たちがつくる番組が楽しい訳がない。**ではどうすれば気持ちよく楽しく仕事をできる環境になるのかと言えば、皆が人のことを思いやる温かい組織であり、各人が自由に人と違う意見を言っても許される組織にすることだと思ってきた。情報発信を担う組織づくりについて、ここでは触れたい。

箱根駅伝の取材で知った青山学院大学の原晋監督のチームマネジメントはまさにそうだった。選手一人ひとりを抑圧するのではなく、自己責任でSNSもやっていいし、仲のよい家族みたいな関係で寮生活をしている。原監督に、「このマネジメントは今時の子に合わせて運営されているのですか?」と伺ったところ、「はい。今時の子のあり方をしっかり意識している」と迷わず即答され、この現代的なマネジメントが青学駅伝の成功の秘訣だと感じた。筆者は青山学院大学で講師を務めていたこともあり、修士号をいただいた早稲田大学と並び、箱根駅伝では応援をする大学だ。体育会のマネジメントも時代の変化を受け入れて進化しているのだ。

テレビ番組の世界では制作の現場に配属されると、ディレクターの見習いであるＡＤ（アシスタントディレクター）となり、まずは先輩のサポートをしながら学ぶ。このＡＤというのが昔は残酷物語とも言われ、徒弟制的に先輩から学ぶ世界だったが、今はそれでは続かない。

テレビ制作の世界も若手をどう育成するのか、時代の変化に合わせて試行錯誤しているし、「ＡＤ」という呼称やあり方が時代にそぐわないのではないかという議論も行なわれている。一人ひとりが楽しいと感じる職場環境、さらにはキャリアアップも考えられる環境づくりが求められているのだ。

社員ＡＤは社員のキャリアパスがあるので、自動的に数年単位で異動していくが、筆者が特に心配したのは、制作会社から派遣されてくるＡＤのキャリアパスだった。制作会社のＡＤからディレクターに昇進するのは、筆者の肌感覚では「news every.」で6割程度だろうか。ＡＤのうちに辞めていくケースでは、その後まったく違う業種に転職することも多い。こういう時もプロデューサーとして相談に乗ることが多かった。

その時、筆者が必ず聞いたのは「次にやりたいことがあるのか？　そしてその道筋はついているのか」ということだった。人間関係を変えたい、番組逃避をしたいのであれば、番組を変えることを制作会社と相談するなどの方法もあることを伝える。しかし「news every.」と日本テレビという環境で学んだことをバネにして違う世界に飛び込むことを決めたのであれば、全力で応援したいと思っている。農業、教育、ITなど、様々な分野に飛翔していったメンバーの顔が浮かぶ。

このようにプロデューサーとは、世間で思われているような業界人っぽいカッコいいイメージとは異なり、番組のお父さんであり、なんでも屋である。もちろん放送内容の方向性確認、ロケのコンプライアンス、安全管理、予算管理、社内調整など、番組内容の管理の仕事もたくさんしているが、本当に大事なことは、まずは視聴者に、そして続いてスタッフ一人ひとりにいかに寄り添えるのかというマネジメントだと思っている。

特にコロナ禍のこの3年間は本当に大変だった。〝飲みュニケーション〟もできず、スタッフを感染の危機にさらしてはいけない、相手も感染させてはいけないという限られた条件の中で取材に出し、さらには3密だったスタッフの職場環境の改善にも取り組まなければならなかった。視聴者からもコロナ禍での報道を巡っては厳しい指摘も寄せられ、その一つひとつに耳を傾けながら、外部の取材体制でも、社内の制作体制でも、そして放送でもひたすら日々コロナ対策を考えてきた3年間だった。

ニュース番組を制作するうえで、コロナ禍で考えた3つの大きな柱をここに記しておきたい。

① 信頼できる放送の維持

この人類が久しく経験しなかった、世界的な感染症の流行という命に関わる有事にこそ、信頼される番組かどうかが問われる。誤報を流したり、不安をあおったりしないように徹底した。まさ

スタジオや制作現場でディスタンスを計測する棒を持つ筆者

に、**情報の「選択→消化→整理→発信」という流れが問われている出来事**だった。

②「感染しない、感染させない」ために最大限の努力を

スタッフが感染するということは、「放送」というコロナ禍で命を守るための情報発信ができなくなることを意味している。そして、**移動の自粛を訴えながらも自らは取材だからと移動して感染を拡大させることがあってはならない**ということだ。

取材も厳しく精査し、かなり絞ることにした。まして放送エリア外への出張は相当な事情がなければ禁止をしてきた。そしてプライベートな部分ではあるが、飲み会の禁止も伝えてきた。若いスタッフも多く、皆で追い込み仕事をしたあとに飲みに行き闊達な意見交換をしてきたチームだったので、最初はスタッフからの強い抵抗もあった。

また、言う以上は筆者も感染拡大期には会食ゼロを貫き、入社して初めて会食ゼロ期間というテレビマンには信じられない経験もした。しかし、その代わりに得られた時間もあったと思う。

有言実行がマネジメントの姿勢として問われた。

③ 感染した人の差別をしない

どれだけ感染予防を徹底してきても、目に見えないウイルスにどこで感染をするのかはわからない。初期から長らく、スタッフの感染ゼロを守り続けて来たが、後半にはお子さんの学校経由の感染者なども出た。もはやどれだけ注意をしていても防げない状況であることも明白で、感染してしまった人が悪いのではなく、職場で差別をされないように注意をしてきた。放送でもそういう差別が助長されないように意識をしてきた。

12

藤井貴彦キャスターの発信力を見続けて

前項で述べたスタンスで、筆者は番組を支える側として過ごしてきたが、スタッフと志をひとつに、視聴者にコロナ禍でのメッセージを発信することに旗を振ってきたのが藤井貴彦キャスターだった。

コロナ禍の3年間、藤井キャスターをそばでずっと一貫して見てきた唯一の番組幹部が筆者だ。新型コロナウイルス関連のニュースを伝えている中で、真摯に考えたことをメモしている姿が日々あった。それは本番中でも変わらず、原稿用紙の裏にペンを走らせ、短い言葉で加筆や修正を繰り返しながら悩み抜いて、世間に納得してもらえるメッセージに仕上げていた。正しく伝わるのか、言いすぎではないのか悩むとスタッフに意見を求めて、独善的にならないように相当配慮している様子もまた真摯なものだった。

その姿を間近で見ていて、**藤井キャスターはコロナ禍という世界と厳しく向き合いながら、日々格闘して、視聴者に伝えようとしているのだと受け止めていた。**

短いながらも世相を的確にとらえ、なおかつ視聴者一人ひとりに寄り添った発信は、次々とネッ

藤井貴彦キャスターのコメントは支持を集めた（写真提供：日本テレビ）

トでも拡散・転載されて話題となり、世の中から大きなリアクションがあった。番組には日々賞賛のメールを多数いただいた。もちろん中にはご指摘もあり、厳しいご指摘こそ、むしろ藤井キャスターに伝えた。

「医療従事者だけでなく、私たち保育士もとても大変なんです」というメールが来た時、すぐにそれを藤井キャスターに伝えると、放送でも即座に反映をしていた。**キャスター、制作スタッフすべての関係するメンバーが、視聴者一人ひとりに、誰かを批判するのではなく、向き合い続けるのだと意識してきたことが、コロナ禍という戦場報道で圧倒的な支持を集めた「news every.」の秘密だったと思うし、それを誇りに思っている。**

これらの報道、発信の結果、藤井貴彦キャスターは２０２１年12月10日に発表されたＯＲＩＣＯＮ

NEWSの「好きな男性アナウンサーランキング」の1位に輝いた。50歳、歴代最高齢だったそうだ。

ある方が筆者に話した言葉で印象に残っているのが、「国民に、ある意味抑制を呼びかける役割を、20代の人気アナウンサーがしても説得力がない。自らもおじさんと称している藤井キャスターだからこそ耳を傾けようと思ったのではないか」というものだ。有事で支持を集めたのは、平時からの信頼の蓄積であり、有事の中でも情報をしっかり消化して、さらには整理をできていたからこその藤井キャスターの発信だったのだと納得した。

5章

情報を活用し
豊かに生きるために

1

粘り強く考える力、伝え方の工夫を養う

ニュースをなぜ伝えるのかと言えば、発信することで何かを視聴者に伝えたいという使命感、そして伝えることには何らかの社会への問題意識があるからだ。さらに発信者が何を問題と感じて伝えたいのか、そこの焦点には何かを変えたいという学びや気付きが潜んでいる。そうでなければ伝える意味がないとも言える。

伝えることで変えたいことがあるけれど、それが時には理解をされないこともある。SNSの発信をすることも同様で、社会に支持をされることも、無視をされることも、非難をされることもある。

実際に「news every.」で伝えた話題の中で、クレームの電話が多かった事例として、2019年5月8日の交通死亡事故がある。滋賀県大津市で保育園の子どもたちがお散歩をしている最中、中年女性が運転する軽自動車が、ハンドル操作を誤って保育園児の列に突っ込み、園児2人が死亡するという痛ましい事故を報じた際のことだ。

当該の保育園の園長先生の記者会見というのが、丁度「news every.」の放送時間に行なわれて

園の会見批判、報道現場はどう考えているか

theSOCIAL
「子どもの安全」の問題
theSOCIAL 日本テレビ報道局
大野　伸

「日テレニュース 24」（写真提供：日本テレビ）

おり、中継で放送した。これに対して「あの保育園は被害者なのに、なぜ生放送するのか?」「記者会見をそのまま伝える必要があるのか」「なぜ被害者なのに、つるし上げ会見をするのか」「メディアの好奇心的な報道がひどすぎる」などという意見やクレームが来た。

筆者はこのニュースを見た時に、自分の息子も保育園に通っているので他人事とは思えなかったのだ。そして記者会見を見ていて涙が出た。まったく好奇心でもなく、他人事ではなかったからこそ伝えているという意味を、視聴者に説明をしたいと考えた。

当時、ネットやCSなどで放送しているニュース専門チャンネル「日テレニュース24」でイレギュラーに解説出演をしていたので、その話をしたいと問題提起をした。番組制作者が「なぜこの話題を取り上げたのか」ということを語る、それも報道と同時

期に、ということはほとんど先例がなかったと思うが、「日テレニュース24」の責任者はきちんと打ち合わせたうえで筆者の解説出演を了承してくれた。

ＳＮＳ時代には、賛否意見が分かれそうな場合にはメディア側もきちんと編集理由を説明する必要があるし、そうしないと憶測がどんどん拡散されていくと筆者は考えたのだ。もちろん説明をすることでもっと炎上をすることもあるだろうし、危うい部分があることも理解をしていた。相当、真剣かつ慎重に原稿は書いた。

そのうえで筆者が説明をしたのは、発生当初この保育園はどのような散歩をしていたのか検証をすることが必要だということ。もちろん車が突っ込んだことが要因での事故であり、保育園児が被害者であることは明確だ。しかし、同時に複眼でその時にどうすれば事故は防げていたのか、多角的に検証をしなければならないし、保育園はその当事者なので、記者会見を伝えることは大きな社会的な意味があると考えたということだ。

安全対策をどのように実施していたのか、目撃をした先生たちの話というのも事故の原因を紐解くためにすごく大事なことにもなる。そして何よりも、**事故原因が明確になることが再発防止につながると考えている。**

取材を進めると、事故が多い交差点だったにもかかわらず、ガードレールがなかったという点が指摘されて、のちにガードレールが設置された。また、保育園はしっかり対策をしており、信号待ちをする時は、信号のすぐそばではなく、かなり離れた後ろ側で待ち、先生たちが子どもを守りながら散歩をしていたということもわかった。

これが伝わることで、余計にその事故の悪質性もはっきりする。だから、当事者であり被害者だから何も伝えなくていいのだ、そっとしておこうというのは、むしろ違うのだろうと思う。もちろん先生方の悔しいお気持ちは想像を絶するものがあるし、筆者も息子が世話になっている先生方の顔が浮かんだ。しかし事実として、その後多くの保育園で、散歩時の安全対策について点検や保護者への説明が行なわれたことは取材でも明らかになっている。

記者会見というものは、近年は簡単に生中継をすることができるもので、音声技術の発達で質問者の声もきわめてクリアに入る。中には批判口調の乱暴な質問の記者もいた。おそらくそれは、厳しく疑いの精神で追及していかなければ事実は明かされないという、昭和的な記者の職業観があったのかもしれないが、保育園の先生という被害者サイドの取材をする時の配慮ある聞き方が必要であった。追及型の高圧的な聞き方というのは人権意識が高くなっている現在にはそぐわないし、より記者や質問者にもマナーが求められていると思う。真実を追及するためなら高圧的であっていいということには決してならない。しかし、この一部の記者のマナーの悪さと、事実を明らかにする取材の必要性は別の問題である。

事実を明らかにするというジャーナリズムの使命は、聞きにくいことを聞く時にはつらい仕事でもあるが、それでもやらなきゃいけない時がある。そして**何も伝えられなくなることが一番怖いこと**

とを視聴者には理解してもらいたかった。

テレビの解説で、このように本音で丁寧に話したところ、動画でアップもされたが炎上することはなかった。「メディアの見方が変わった」と理解をいただくこともあるし、やはり納得できないという方ももちろんいる。被害者への取材は、事件取材の中でも本当につらい仕事のひとつである。だからこそジャーナリズムの大事な原点でもあると思っている。

もうひとつ、真実を伝えることの事例をご紹介したい。これは古い話になるし、30代以下にオウム真理教の話をしても歴史上の出来事としてしか受け止められていないことが多くなったが、筆者が20代の頃には重要な取材対象だった。

1998年というと、オウム真理教が地下鉄サリン事件を起こしたあと、教祖や幹部の多くが逮捕されている中で、どう勢力を維持するのかを考えながら水面下で引き続き活動している時代だった。そして活動はサークル的なソフト化を図りながら若者を取り込もうとしていた。

池袋郊外にあった彼らの布教施設を張り込んでいたところ、なぜか次々と五月雨式に大きな荷物を持った信者が出てくる。こういう時に「何かある！」とピンとくるかどうかが重要だ。各社張り込んでいる中で、**持ち場を離れることにはリスクもあるのだが、直感に賭けた。**

すると、少し離れた見えない場所に大きな観光バスが停車しており、次々とそこに乗り込んでいく。すぐにデスクに連絡し、タクシーで尾行をすることにした。バスは高速に乗り、なんと名古屋に到着した。東名高速を夜通し走るはめになった運転手が眠くならないように励ましたりしながら必死に尾行した甲斐があり、特別な布教コンサートを実施しようとしている独自ネタにありつけたのだ。まさにオウム真理教のソフト路線化を示すニュースだった。

しかし夕方に原稿を入れようとしていると、フジテレビ系列も情報を仕入れたようで現場に到着した。ここで悩んだのが、日本テレビだけの独自ネタではなくなったことで、「何を伝えるべきか」を再考しなくてはならなくなったことだ。普通に考えれば、「オウム真理教が名古屋市で布教の音楽会を開いて多くの信者が集まった」ということだろう。しかし、この問題の本質は「名古屋市が安価な料金で運営する公共施設を反社会的な集団に貸したこと」だと筆者は考え、原稿を直前に書き直した。当時のデスクは、直前での原稿の入れ替えに烈火のごとく怒ったが、同時にこだわりも理解してくれ、新しい原稿を通してくれた。ありがたいことだったと今でも感謝している。

その結果、名古屋市は定例記者会見で謝罪をして、今後は公共施設の貸し出し先の適正把握をきちんと行なうということを公表した。

この取材はデスクの了解を得て尾行したものではあるが、タクシーの料金が高すぎると上司である部長が管理部門から怒られたそうだ。だが、そんなことを一切言わない部長で、後日人づてに聞いた話だった。

筆者も部下の挑戦は褒め、その責任は上司が担うものだと学び、実践しているつもりだ。現場で取材をしていた若い時代はたくさん怒られたが、同時にいろいろな人の本質も学べた時代だった。

記者の「仕事の粘り強さ」「発信の仕方」という2つの事例を紹介したが、これはいかなる仕事でも、いかなる発信でも同じだと考えている。事実を踏まえて信じたこと、伝えるべきことをどう伝えるのか。個人のSNSでも、理解をしてもらえるように努力することの重要性はプロメディアと変わらないと思う。

2

「社会を変える」のは簡単ではない

いくらＳＮＳ時代で、誰でも動画や写真を使い世界に発信できる時代だとはいえ、「社会を変える」行動がそんなに容易ではないことは、高校生でも理解をしている。ここでは、なぜ容易ではないのか、その現実をまずは考えたい。

今、「ＳＤＧｓ」という言葉を聞かない日はないだろう。学校でも、テレビでも、みんな誇らし気に目標として掲げてアクションを取ろうと動いている。２０１６年にブラジルのリオデジャネイロに出張をした話を2章でしたが、パラリンピックでの撮影が目的だった。筆者は、パラリンピックを取材するまでは、障がいのある方々が、健常者のスポーツにハンデを与えながら頑張っているものだと思っていた。しかし、実際に会場に足を運ぶと筆者の認識はまったく違っていたことにすぐに気付かされた。健常者が行なう競技とはまったく異なるルールが設定されており、並大抵の努力では達成できない記録に挑むアスリートの熱い戦いが行なわれていたのだ。一気にパラスポーツのファンになり、帰国してからも障がい者の方々の挑戦を応援したいと考えるようになった。

いろいろなご縁があり、実際に社会福祉法人が行なう障がい者支援プロジェクトのアドバイザーをボランティアで引き受けている。しかし初めて福祉施設の作業所を訪問した時に、現実を思い知らされた。**筆者の理想ほど簡単ではない課題**が見えてくる。

この作業所では知的障がいのある人たちがお菓子をつくり、それを販売する活動をしている。またプロジェクトとしては、レシピをパティシエとコラボして改善したり、広報を強化することなど努力も行なっている。会食の手土産に「福祉のお菓子」を配ることで、企業のＳＤＧｓ（目標８「若い人たちや障がいがある人たち、男性も女性も、働きがいのある人間らしい仕事をできるようにする」）の実践を呼びかけている。しかし、**コロナ禍で会食やイベントなど、販売の場が激減していた**。コロナ禍は障がい者の自立支援にも逆風となっているとは、正直想像もできていなかった。

さらにはそもそもこの作業所自体が行政からの補助金で成り立っており、それがなければ立ちゆかない現実があった。働く人々も、工賃だけで生活を維持できる金額にはならない。

作業所の運営にも大変な現実があった。障がい者の方には感情がとても繊細な方も多く、ちょっとトラブルになるとコントロールできなくなり、ガラスを壊したりして、作業所自体の流れが止まってしまう日もあると責任者の方から聞いた。

しかしそのわずかな**工賃を誇らしく持ち帰り、報酬を得ることに輝きを感じているという**。健常者と同様に人というのは、働くこと、そしてその対価としてお金を受け取ることが心のプライドになるのだということがわかった。

一人ひとりが障がいの程度に応じた作業を担っている

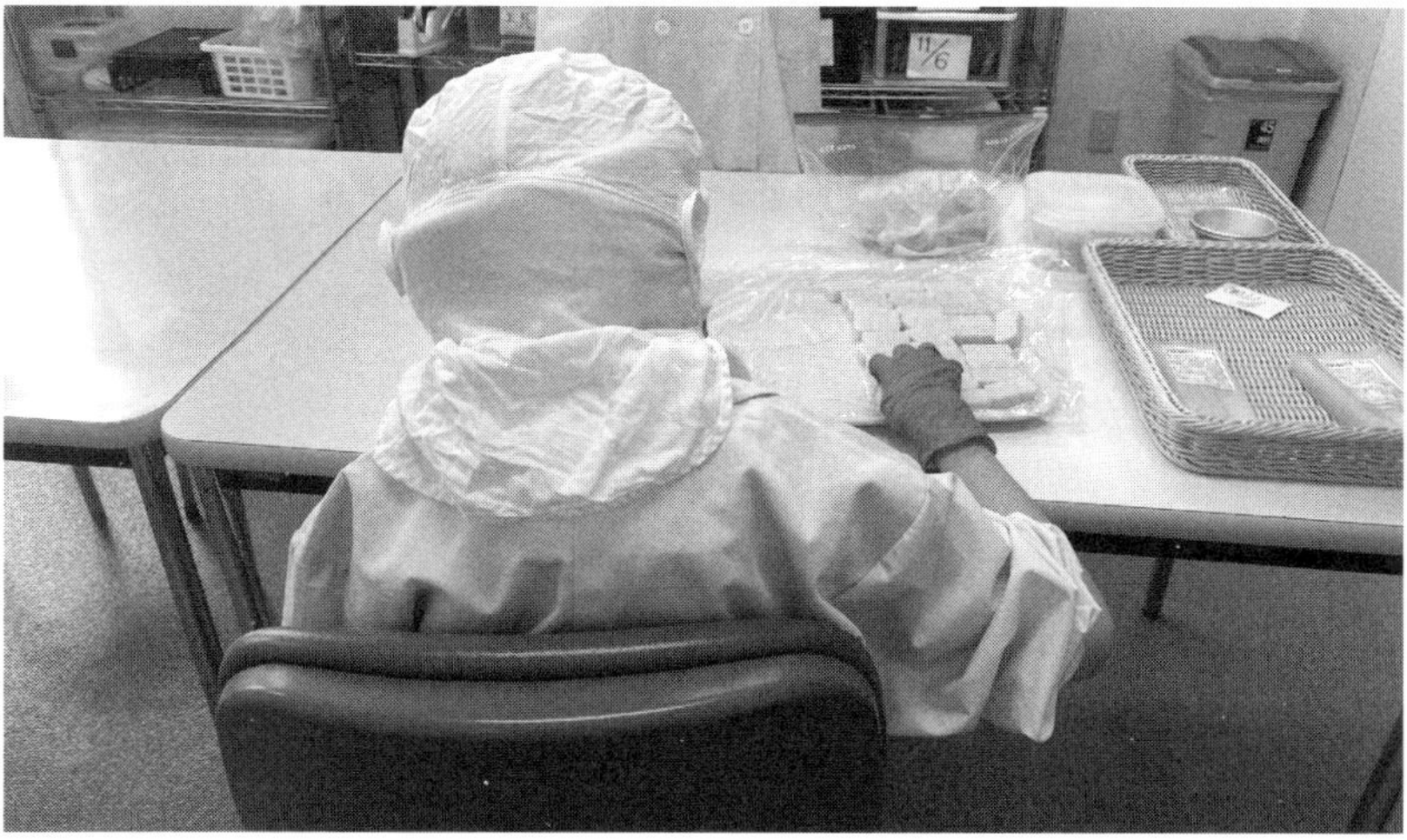

写真：sweet heart project に参加する施設

障がい者の自立を支援しようというのは、とても重要だけれど決して簡単ではない現実。この現実をまずは世の中に知らせ、少しでも共感をしてもらえる方々を増やしていくために活動をしている。現場を見るというのは記者上がりの筆者が重視していることで、仕事、学術、趣味、あらゆることは**「現場を見る。そして、考える」**というプロセスになっている。

社会課題に終わりはないことを示している問題に、フィリピンのスラム街の話がある。スラム街の写真を見るとゴミが溢れているが、**実はスラムだからゴミが多いのではなく、ゴミが集められたところに家が建っていき、スラム街になる。**ゴミのある所に人が寄ってくるという、先進国に住む人間の発想からすれば考えられない状況だった。ゴミとは、途上国の貧困層にとっては稼ぎ場であり、ゴミの山をかき分けてまだ使えるものを見つけて売れる、つまり宝の山でもあるのだ。

こうした作業にあてられているのは力仕事にまだ従事できず、単純労働で小まわりが利く子どもたちだ。ゴミ集積所では生ゴミと強い日差しが化学反応を起こし、健康に悪いダイオキシンが発生していたり、時にはゴミの山に埋もれてしまう崩落事故もあったりする。

行政は彼らを立ち退かせたりはしているが、結局は違うゴミの山に移り住むだけで、根本的な解決にはならない。またＮＰＯはこうしたスラムを観光ツアー化して生活支援にあてようとしているが、フィリピンは非常に平均年齢の若い国であり、次々と職を求めてマニラに地方から人が集まってくる。そう簡単に安定した仕事があるはずもなく、結局、手っ取り早くスラム街に不法建築をつくり、さらに地方から人が集まり、スラム街は拡大されていく。支援が追いつかない現実だ。

ある時、スラム街に住んでいる兄と妹のドキュメンタリー番組を見た。兄は妹を殴って売春をさせてお金を持って来させ、自分は違法薬物を買いに行く。違法薬物を買うとハイになり、機嫌がよくなって帰って来る。妹はその優しさがほしいから、薬が切れて殴られた時にまた稼ぎに行かなければいけないと思ってしまう。

では、兄にお金をあげたらどうなるのか。おそらく薬物を買いに行くだけだろう。では、教育が重要だろうと、教育を受ける場をつくったりもするが、それでもまた兄は妹を殴るだろう。兄弟で別々に暮らしても、兄はずっと妹を探し続け殴りに来る。本当に心が痛くなるようなドキュメンタリー番組だった。

社会課題には、何かひとつを解決しても、次々と課題が出てくる実に難しい現実がある。毎日新しい問題が出てくるのだ。

何かのボランティアを純粋な気持ちですることは素晴らしいことであるが、同時に社会問題の根は深いことを知っておくことが重要だ。しかし、あきらめても課題が解決をすることはない。

3

絡まり合う社会問題

「虐待の連鎖」という社会問題も指摘されている。親自身が虐待されていると、自分の子どもも虐待してしまうケースが多いという。親を逮捕すると、子どもは児童養護施設に入れられ、いじめに遭ったり、悲しい思いをしたり、寂しい気持ちを持って、それが連鎖することがある。社会で温かくそういう子たちを見守ってあげることが必要だと思うが、**今、本当に地域でのつながりがない**。

筆者自身、近所の方との交流は、表面的に挨拶をする程度だ。そんな中、一度とんでもないおばあちゃんと遭遇した。バス停で待っている時に家族のことまで含めて個人情報をずけずけと聞いてくるのだ。このおばあちゃんは、近所中の家庭の情報を集めるのが趣味のようで、バス停に来た人を「この人は電気屋さんよ」「この人は元々あの場所で理容室をやっていて、引退したのよ」と、ぺらぺら個人情報を話す。こういうおばあちゃんが、「あの家ね。変な声で泣いている子がいたから、何かあるんじゃない?」とか言って、お巡りさんに喋ってくれると、虐待防止につながるのかもしれない。

しかし、そのおばあちゃんがいれば、本当に全部虐待が防げるかと言えば、その警察官が迅速に動くのかはわからない。それに、行政の担当部署や児童相談所も数多くの通報があるから迅速には動けないかもしれない。

実際には、虐待にレベルをつけて巡回頻度などの対応を判断しているのが現実だ。

学生からは**「レベル分けしているから虐待がなくならないのではないか？　すべてを重大な事案だと思って、虐待に向き合ってマークをしていれば虐待はなくせるのではないでしょうか」**という質問があった。

理想論としてはその通りなのだが、現実として、Aさんという母親が、子どもを健診に連れてきたら体にあざがあった。明らかに殴っている。あざが体にいっぱいある子なんて、いつ殺されても不思議ではない。別のBさんの子どもは爪が深爪になっているような気がした。これが虐待なのか、誤ってしまったのか見極めが難しい。でも何か子どもが痛がっているし、要注意だなと考える。今度はCさんの子どもがやけどをして病院に駆け込んできた。母親であるCさんは間違ってお湯をこぼしてしまったと言っている。これもひょっとしたら故意かもしれないし、深爪よりもお湯をかけることのほうがわざとだったら、重度に発展するかもしれない。

このように、様々なケースや通報が山のように児童相談所には来ている。Y区の児童相談所でAさん、Bさん、Cさんのようなケースが全部で相当数いるのが現実だ。児童相談所の職員が3人だとしたら、3人で公平に疑わしい世帯を見たらどうなるのか。1ヶ月に1度もチェックできない世帯が出てくる。しかもコロナで一人が隔離されたりしたら、完全に破綻する。

危うい人に重点を置かざるを得ないけれど、軽度と思っていた家庭での問題が一気に進むこともあるだろう。また、児童相談所が何回も電話しても出ないケースもあるという。電話をしても出なかったら、次は訪問しに行かなければいけない。

区長が児童相談所の職員を増やそうと決断をしても、違う業務の職員を減らす判断をし、生活保護担当の職員を減らしたとすると、生活保護受給者のほうがはるかに人数が多いだろう。虐待の疑いの対応のために職員を削減するのか、弱者切り捨てだと反対する声が上がるかもしれない。しかし、行政改革をすることで、無駄な部局が浮き彫りになり、人を振り分けられるかもしれない。あるいは実は公務員ではなくて、NPO法人が虐待を救えるのかもしれない。このように、社会問題を解決するためには**あらゆる角度から考えて、前進をさせなければならない。**

ただ理想論を振りかざしても進まない。しかし、NPOだと強制的な権限は何もないというリスクもある。大学生がボランティアでやっているのと、児童相談所の職員が公務員としての職権でできることは、当然異なる。

このように社会問題を解決することは容易ではないが、**こうした課題をそもそも誰かが発信して表出させていかなければ社会が変わることはない。**それはこれまでは国会議員、メディア、学者ら、いわゆる有識者の役割であったのだろうが、今はＮＰＯから市民ウォッチャーまで、多くの人々がこうした課題をきちんと紐解く力を得ていけば的確な発信をすることができる。

4

善の循環をつくる

社会を変えるために必要な資金は、国から「予算」として投入されることが多い。「予算」の財源は当然ながら納税者が納めた「税金」である。「納税者」という言葉を英語にすると「taxpayer」という「税を払う人」というワードになる。そして英語の「pay」は、最近ビジネスで日常的に使うようになった**「投資に見合うかどうか」**を表わす「ペイする」という言葉があるように、自分の払うものがリターンするのか、割に合うかどうかという意味の言葉でもある。

アメリカの納税者は常に「As a taxpayer（納税者として）」と主張をするように、アメリカでは、払うからには使い道を徹底してウォッチするという意識が根付いた社会だと言われている。さらには寄付文化もあり、寄付を受けたＮＰＯの側も何のために使ったのかをしっかり開示しなければならず、費用対効果を検証する政策評価の仕組みも官民問わず進んでいる。

一方、**日本語の「納税者」という言葉は「税金を納める者」だ。**英語が主体的に自分から払うという意味に対して、日本語では〝お上に納めにいくもの〟というニュアンスを強く感じる。

しかも、**嫌々差し出したはずなのに、税金がどう使われているか、そこには意外に無頓着だった**

りもする。 日本の行政やNPOは、このあたりの使途をしっかり公表する「説明責任」を市民への発信という形で行なうことに敏感になる必要がある。

実は、「ふるさと納税」という制度も、その課題がクリアできていない。納税するほうは単純に返礼品目当てになり、その自治体や使途に関心を持っていない。受け取るほうも商品選びに力を入れており、使途の細かい開示をしておらず、何に使うのか説明不足である。納税者、行政、それぞれが緊張感のない関係に思えてならない。おおまかに使途を選択できる自治体は多いが、「〇〇町の自然を守るため」「〇〇市の地場産業を活性化するため」など、何とでも取れるような記載である。

自然を守るために道路はつくれるし、地場産業を活性化するために道路をつくることもできる。結局は「公共事業」にされてしまい、建設業者が潤うだけだとしたら寄付する気は半減するのではないだろうか。

寄付社会は「善の循環」を積極的にすることで巻き起きる。**日本人は親切と言われながらも、「善」を発信することや、表現することが苦手だ。** 基本的なマナーからして欧米人は、「感謝」を伝えるのが得意だ。知らない人同士でも挨拶が徹底している。アジア人はお店に入る時に無言だから気味が悪いとか、何か盗もうとしているのではないかと思われるそうだ。

日本人は電車でぶつかっても謝らないし、逆にぶつかられたほうも無言でにらみつけていく人が多い。何ともコミュニケーションが苦手な国民なのだ。

しかし、今の若い世代はＳＮＳの影響もあり、セルフプロデュースがうまい。そこを応用し、善の循環を日本でも生み出せないかと考えている。日本人はなかなか人にいいことしたと言わない。謙遜の美徳みたいな価値観が強い。時おり、福祉施設に匿名で寄付をする人は「タイガーマスク」の主人公、「伊達直人」と名乗ったりしている。

今後は日本人も、発信したほうが信頼と尊敬を集められる時代になっていくと思う。「親がいない子どもを応援したくて○○に寄付をしたよ」「野球場を地域につくりたいから□□に寄付をしたよ」と、気軽に発信をし合える社会。これが「善の循環」だ。

ただ、これまで述べたような「社会を変えたい」という発信、そして納税者意識の変化、善の循環、こうした行動でもってしてもなかなか問題を解決することは容易ではない。

なぜかと言えば、社会課題の解決には、政策立案とそれに伴う予算措置、さらには法律をつくることや改正することが必要だからだ。こうしたことを決定できる権限があるのが政治なのだ。だからこそ、「善の循環」を発信しながら、その循環を反映させる政治家を選ぶことが重要となる。

5

社会保障費が膨らむ日本

社会問題の解決には、痛みを伴うものが大半だ。政府がよく説明資料で使っている社会保障の支え方を説明する概念図がある。高齢者一人を支えるために、かつて子どもがたくさんいた時代と現在の少子化ではどう異なるのかを考える図だ。

1965年には9人で一人の高齢者を支えればよかった。つまりすごく単純な言い方をすれば、高齢者一人に年金を月に20万円払うとすると、現役世代9人で支えればいいので、一人2万円強の負担でよかった。しかし2012年には一人8万円強の負担になり、それが2050年には一人15万円強の負担になると言う。これはいくら何でも支えられない。おじいちゃん、おばあちゃん、ごめんね、今は現役世代が少ないから我慢して毎月10万円にしてねということを言っても、計算上は2050年の現役世代は一人8万円近い負担をしなければならない。もちろん、実際には納税の額には所得金額により傾斜がある。こんな単純なものではないし、この図自体が政府が増税の必要性を説明するためにわかりやすく単純化して作成したという批判もある。

高齢者1人を支える現役世代の人数

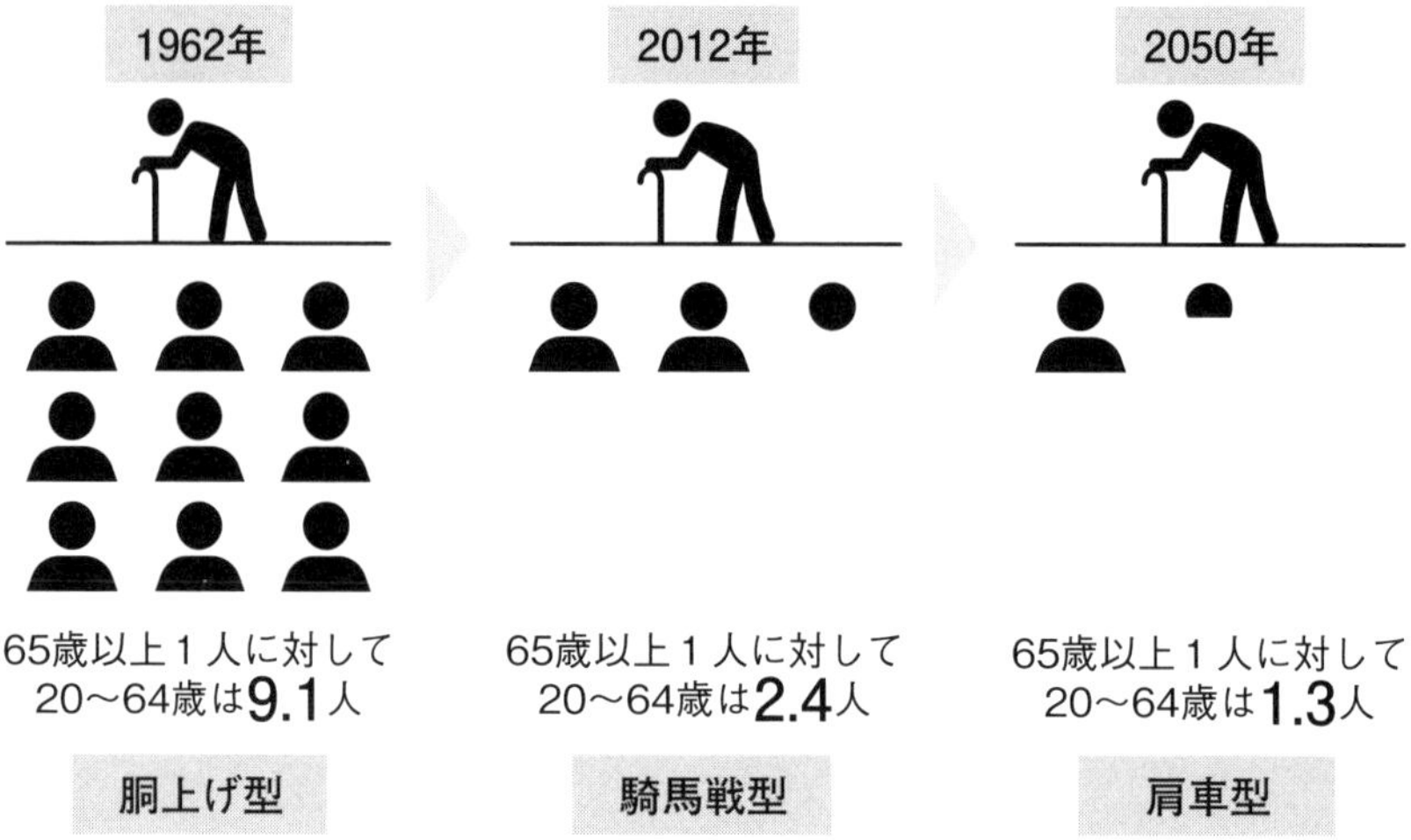

しかし重要なことは、現役世代が大変だからと高齢者の年金が半額に減ることを受け入れるかどうかだ。「シルバー民主主義」という言葉が政治学でトレンドとなっているが、選挙に足しげく通う高齢者の票を、政治家が失うようなことをするだろうか？　昔の高齢者は20万円もらったのに10万円でどうやって暮らすのだ、これは高齢者いじめだと猛反発をすれば、それは政治家が最も困ることになるのだ。

対する現役世代は奨学金返済もあって大変なのに、高齢者が若かった時代よりもはるかに高い負担を迫られ不満は高まる。しかし投票には行かないし、そもそも人口が少ないのが現実で、その時に政治家が従うのはどちらの声だろうか？　当然高齢者のための民主主義に傾きやすいという警鐘が鳴らされているのだ。

痛みというのは、本来はどの世代にもあるはずだが、若い世代にしわ寄せがきているとした

ら、それは若い世代がきちんと声をあげて、世代の公平性が反映される税負担にするとか、様々な世論への訴えを行なう必要がある。

少子高齢化で社会保障費用が膨らむ問題の根幹にあるのは、国の借金である国債に依存している日本の財政の課題もある。この借金を返済するために日本の税金がどんどん上がっていくとすれば、産業競争力は確実に下がっていく。「こんなに手取りが少ないのになぜ働かなきゃいけないんだ」と、労働意欲が損なわれる。企業も法人税率の低い違う国に行ってしまい、税金も高いし、働き場所も減るからますます少子高齢化になってしまう。こういう負の循環が起き得る状況が今の日本なのだ。

では少子高齢化を先に止めればいいのか？　たとえ子ども手当てを増やそうと、出産費用を無料化しようと、育児休暇を充実させようと、子どもを育てることに時間はできたけど、次は仕事に戻る時の保育園が足りない。それで保育園を増やしたら、今度は小学校に入る時に学童が足りないとなる。しかし、保育士の給料が安いから担い手がいないという問題もある。では待遇改善をすればいいというが、この財源は誰が負担をするのかということにもなる。

こうしていると、若い人は待遇が改善されないままで、育児の前に恋人ができない、まして結婚など想像がつかないというケースも表面化してくる。行政は対策のひとつとして、「街コン」なるイベントを主催するようになった。税金を使って若い人が出会えるようなイベントを行なうのだが、この費用対効果の検証も難しい。若者の飲み会を行政がやる必要があるのかという批判も出るだろう。

さらに子どもが増えても稼げるようになるのは何年後なのかという問題がある。減税して産業競争力を向上させるとしても、今度は労働の担い手が足りなくなれば、移民をどうするのかという議論にもなり、移民を受け入れ、彼らが真面目に働くことになり、技術も継承されれば労働力は確保されるが、勤労意欲の低い日本人が職を失うということになる可能性もある。アメリカが抱える社会の分断は、事実このように移民労働者を巡る議論も要素となっている。

日本の社会問題を考える中でも、特に社会保障は議論が百出するし、立場により利益が大きく異なるテーマでもある。特効薬はなく、痛みを伴う負担なのか、改革なのか、苦しい決断を時にする必要もある。若い世代ほどこの現実をしっかり考えてほしい。

6 デジタルでつかめる無限大のチャンス

学生時代は世界を放浪するのが好きで、仕事をはじめてからも出張、研究、プライベートと、領域はいくつかあるものの、多数の国を訪問してきた。渡航する度、海外を知るほどに日本が見えてくると感じている。

仕事をはじめた1990年代後半は、リアルタイムで海外の新聞が読める時代ではなく、海外からの情報は通信社の配信記事、配信映像が中心で、そして中継回線でライブの映像をつなぐことはできたものの、かなり高額なプロメディアしか使えない手法だった。一般の人が海外のことを早く知るには日本の新聞かテレビニュースを見ることだった。

そんな状況を変えたのが、インターネットやSNSだ。

SNSは世界の貧困国での情報発信をも変えた。2021年2月1日にミャンマーで軍がクーデターを起こし、国内では軍への抗議活動に一気に火がついた。この主役となったのがスマホ撮影の動画と、それを拡散したSNSだった。

ミャンマーでは、民主化運動のリーダーと言われていたアウン・サン・スー・チー氏の一派が選挙で支持を集めていた。しかし軍の影響力は依然として大きく、憲法を改正しない限りは完全に軍の影響を排することは難しかった。こうした緊張関係の中で、軍部は突如、政権の幹部を次々と拘束した。この時代に軍がクーデター起こして時計の針を戻すということは衝撃が大きく、大きなニュースとなった。

これまでであれば、軍事クーデターが起きた国の映像は、国営メディアが軍事政権側に都合がよいものだけを報じるものでありコントロールされていた。武器を持った国民が軍人を襲う映像や、デモ隊が暴徒化しているように見える映像などが実際に放送されている。

しかし現在では反政府側による映像がスマホで撮影され、次々とSNSを通じて世界へ拡散される時代になったのだ。

国民が持つスマホの数は半端なく、軍事政権が隠蔽しようとしていた映像を次々と拡散させた。スマホが反政府運動や軍事政権の蛮行を明らかにしたのだ。スマホは機動力があり、自宅の窓から密かに道路上での弾圧や暴行の様子を撮影したものが多かった。しかし、次第に軍も窓側への警戒を強めていく。窓に向けて発砲し撮影を阻止しようとするケースもあり、命がけの撮影となっていくが、それでも民主派の市民たちは、工夫をしながらスマホであらゆる映像を世界へ発信し続けていた。

プロのカメラマンが撮影をしていたら、大きな機材ゆえに軍部はすぐに気付く。しかしどこにでもいる一般人がゲリラ的にスマホで撮影できる現在では、軍事政権側が都合のよい大本営発表映像を公表するだけの情報統制をしても、ミャンマー国民は信じなくなっている。
こうしたSNSに恐怖を感じた軍部はインターネットを遮断するようになる。しかしネットがつながった一瞬のすき間に発信しているケースや、USBで海外に持ち出すなどして、世界に自分たちの惨状を忘れないでほしいと、市民は訴え続けている。

インドのガンジーが、「非暴力不服従」で暴力を使わずに従わないという運動を行なったが、それは暴力による鎮圧をされる可能性が高かった。今は、デジタルで抵抗するという新しい反政府運動が起きている。しかし軍部と直接戦う抵抗も同時に起きていて、最後は力の攻防になるという反政府運動の歴史をSNSが完全に乗り越えるところはまだ見えていない。

ミャンマーの若者たちが命をかけてスマホで戦っているという話は、平和の中で生まれ育った、そして豊かな恵まれた環境で育った日本の高校生には衝撃だったようで、食いつくように話を聞いていた。

早稲田塾の講義ではよく「高校生がどうすれば社会を変えられるのか」を問うてきた。若い世代が日本、いや世界を変えようと本気で思ってほしいと考えているからだ。「高校生の可能性は無限大」「高校生には可能性しかない」と、本気でそう思って毎講義に向き合っている。
それはコストをかけずとも世界に発信できるツールが今は充実しているからだ。であるならば、頭が柔らかく、身体能力が高い高校生のほうが大人よりも時に優位となる。

SNSのみならず、世界中と無料で会話できる、Skypeもあれば、zoomもある。さらにはシェアオフィスというものもある。会社登記のコストも低くなっている。マイナースポーツなど、競技環境が厳しいスポーツも、**LCC**などが普及し、世界へより安く挑めるようになった。**デジタルというツールの直接、間接のメリットを若い人が存分に享受し、行動できる環境が整っている。**

「レシートを1回読み込むと10円になる」というアプリ「ONE」を考え起業し、リリースしたのは2018年6月、当時17歳の高校生だった。

消費者が何を買っているのかという購買データを収集する目的で、レシートのデータを積み上げて企業に売却するビジネスモデル。特に若い人がどういう消費行動をしているのかは企業には非常に大きな関心事である。もちろん、個人が特定されるリスク、売却したお金をアプリから引き出す際の手数料が高いなど、いろいろな批判もネット上には書かれてはいるが、やはりゴミだったものが換金できる、しかもアプリで読み込むだけという手軽さは若い人ならではの発想で、多くの人の支持を集めている。

こうした起業家が今や珍しくないのは、世界経済フォーラム、通称ダボス会議の主催のビジネスコンテストから大学のビジネスコンテストまで、幅広く若い人がチャレンジし、プロの目で判定してもらえる機会が増えているからだろう。そして差別化ができるような旗印をうまく学生起業家は立てていると思う。

韓国・ソウルで金泳三元大統領の私邸を訪問した筆者（2008 年）

筆者も多くの20代の起業を夢見る若者と勉強会で議論をしてきたが、一昔前のような一癖あるタイプと違い、一様に人当たりもよく謙虚で真面目な印象を受けた。内に秘める熱いアイデアを、同時に冷静に考えているし、**社会に貢献するということを金儲けよりも優先させている人が多い**と感じる。アメリカのように0から1を生み出すような新規事業が、デジタルネイティブ世代からどんどん出てくる日本になればと思う。

7

起業家でなくても資金を集められる時代

アメリカの電気自動車メーカー「テスラ」のトップであるイーロン・マスク最高経営責任者はSNSをフル活用している経営者の一人だ。2021年10月には時価総額がApple、Microsoft、Googleの親会社のAlphabet、そしてAmazonの4社に続き、1兆ドルを超える企業となった。

こうした中、リベラル派の上院議員らが、株を保有しているだけでは課税されないことから、保有する自社株の総数から計算した時価総額では世界一の富豪と言われながらも、実際にこの株保有に対して課税されていないことを批判する声を上げた。これを受けてマスク氏は11月6日にTwitterで「保有する自社株の10パーセントを売却することへの賛否」をおよそ6250万人のフォロワーに尋ねたところ、「売却することに賛成」とする声が過半数を超えた。

実際に11月から12月に数度に分けて株式市場でテスラ株の売却を行ない、これまたTwitterで「およそ110億ドルの税金を支払う」と表明をした。

これは、アメリカの歳入庁への納税額としては過去最大規模と見られている。マスク氏はこれまでもTwitterで株価に影響を与える発信を何度も行なっており、アメリカの金融規制当局は警戒をしているが、こうした行動が株式市場で自社の株に注目を集めるためのＩＲ（Investor Relations）となっていることは事実だろう。

「Twitter で発信して自社のＰＲにつなげる著名な経営者や政治家は、日本も含めてもはや珍しいことではない。２０２２年４月には、**イーロン・マスク氏は Twitter の株式をすべて買収し、「言論の自由を守る」という考えを表明する。**この表明により Twitter の株価は乱高下した。その後も紆余曲折はあったものの、２０２２年11月13日現在ではマスク氏は Twitter の経営再建に乗り出している。大規模なリストラなど、今後も波乱の展開が予想される中ではあるが、自らも Twitter を駆使してきた経営者の挑戦がどのような結末を迎えるのか目が離せない。

マスク氏のようにＳＮＳを多用して自社のＰＲができるのは、すでに著名で多くのフォロワーがいるからで、無名の起業家や団体には容易ではないのだろうか。結論から言えば、無名であってもＳＮＳで資金獲得をできるチャンスはたくさんある時代だと感じている。クラウドファンディングがその典型である。無名であっても活動内容に共感を得るような発信をしていれば投資、寄付などを集めることができるようになった。

筆者も、とある児童養護施設にネットを通じて寄付をしている。事情があり、親の愛を直接受けられない子どもたちに寄付をしたいと思ったのだ。青山学院大学で大学生たちに教鞭を執った経験、早稲田塾で高校生に講義をした経験、さらに育児の経験から、多くの愛情を受けて高等教育を受けられる子どもたちもいれば、逆に事件記者時代や報道番組を担当する中で残念ながら虐待事案も途絶えることのない現実に直面してきたからだ。

そして、行動に踏みきったきっかけは理知的な判断ではなく、あまりにアナログで現実離れしたものだった。ある晩、「親を探している子どもをバスに乗せて、一緒に親のところへ連れて行こうとしている」という内容の夢を見た。何か愛情を求めている子どもがいる声が聞こえたような気がして、いてもたってもいられなくなり、寄付サイトに行き着いた。

デジタル時代だから手軽に、どんな活動をしている団体があるのか調べて、寄付という行為をクレジットカードで簡単に済ませることができたが、これまでのリアルな体験や思考の積み重ねと不思議な体験があって、ＳＮＳの便利さが背中を押して、寄付という行為につながったのではないかと感じた。

若い人たちがデジタルでチャンスをつかめる時代だが、共感を呼ぶ組織の広報発信を日々しているること、さらには豊かな経験と感受性を持つ国民が増える社会になることが重要だと思う。突然にチャンスはやってくる。デジタルでの地道な発信や広報が実る時は来ると、この筆者自身の経験からも感じている。

8

台湾の都市・高雄をアピールする

SNSの何がすごいのかと言えば、コストをかけずに国境を越えられるということが大きい。

筆者が関わった例では、台湾の高雄市に経営者の友人がおり、高雄市政府と高雄の観光業関係者を前に講演をした経験がある。台湾の北に位置する台北は、行政的にも観光的にも台湾のシンボル的な都市であることに疑いはないだろう。一方で南に位置する大都市に高雄がある。

台北は東京のような大都市で、高雄は福岡のようなイメージだ。コンテナ貿易の拠点として商売の街と言われてきた。しかし台湾は小さいので、新幹線ができて移動が便利になり、日本以上に台北に一極集中している状況だ。

そんな中、危機感を覚えた経済人から高雄市政府の幹部を紹介され、**高雄の活性化をどのようにすればよいのか、アイデアにつながるような講演をしてほしいと頼まれたのだ。**この際のプロセスが、情報を読み解き、どう発信していくのかという事例として伝わりやすいと思うので紹介したい。

2011年、台湾の都市・高雄にて講演を行なう筆者

① 高雄市の現状、問題点を考える
② 比較するべき事例を探す
③ 解決の仮説を立てる

高雄市の現状や問題点は、日本でもかつて言われていた地方の衰退と似ていると感じた。そして比較すべき対象は台北にしようと決めた。海外都市との比較も考えたが、まず台湾自体は日本人の旅行先として人気があり、台湾の魅力が廃れている訳ではないので、他の地域と比較をするよりも、同じ台湾の中で、なぜ台北であって高雄でないのだろうか？そういう整理をしてみたいと考えた。

観光客はどう考えているのか、生の声をヒアリングしたり、新聞記事を探したりした。その結果、台湾を旅先に選ぶマインドとしては「安・近・短」と言われるキーワードが浮かんだ。安く、近くて、短い期間で行けるのが魅力。つまり2泊3日程度の弾丸ツアーを選択していることになる。そうすると、台北から高雄に移動していると2泊3日では時間が足りないことになる。だから日本人にとっては台湾でしたいことは台北で済んでしまう。わざわざ地方まで足を伸ばす理由がないのだ。

そこで、**「台北になくて、高雄にあるもの」**、つまりわざわざ足を運ぼうとする「オンリー高雄」を探さなければならなかった。ところが高雄の人と話していくと、実は「強み」に気付いていない。これは日本人も同じだと思うのが、企業の勉強会などでこの話をすると、「外国人の友人に東京観光の強みをどう話しますか?」と聞いても答えられない人が多い。石川県の経済団体の方からは、「沖縄に負けない青い海を、石川でどうすれば撮影できるか」と質問されたこともある。「本当に石川県の財産は青い海ですか?」と質問を返したことを思い出した。大都市になるほど世界中が似通ってきている部分も大きい。どこの国にもグローバルチェーンのレストランやブランドがあり、多くの人が忙しそうに生活をしていて、しかも便利でほどよく美術館などがある。

それでも、ある旅行ガイドの方は「高雄の夜市は台湾のナンバーワンに選ばれる」と胸を張っていた。しかし台湾には夜市、いわゆる屋台街は多数あり、台北でも必ず観光客が行く場所だ。どこがほかの夜市と異なるのかとさらに突っ込んで聞いたところ、「人気ナンバーワンだから台湾で一番おいしいし、人気がある」とだけ言う。

そこで筆者が逆にガイドに「日本に来たことはあるか?」と尋ねると、「大好きで何回も訪問している」と言う。では、「東京で食べるたこ焼きと、大阪で食べるたこ焼きの違いは?」と訪ねたら、笑って「たこ焼きはどこで食べてもおいしい」と答えた。さらに「東京で食べるうどんと、大阪で食べるうどんの違いは？」と尋ねたところ、少々ムッとして「うどんは変わらない。わからない」と言う。

そこで、これらの違いは日本人にはわかるのだと話をしながら説明をしていく。関西風の出汁はあっさりした薄味ながらも、昆布出汁の奥行きがある。東京のうどんは、醤油ベースの辛口だ。うどんでもまったく違うし、さらにはカップ麺の同じブランド商品でも西日本と東日本でスープの味を変えている大手メーカーすらある。

つまり、**自国民には大きな違いでも、外国人にはわからないものなのだと説明をする。**申し訳ないが、大多数の日本人には台北の屋台も高雄の屋台もおいしくて楽しい体験であるが、違いを説明はできないものなのだ。

後日、高雄の夜市を実際に訪れた時、1点だけ外国人にも明確に違いがわかるものがあった。なんとヘビ料理だ。台湾南部の人がかつて好んで食べたそうで、現在はわからないが、この講演で訪問した10年ほど前にはまだ残っていた。地元でも若い人は寄りつかないそうで、何ともいえぬ生臭さをこの屋台のまわりだけ感じて、ヘビが苦手な筆者は逃げ去った。これは極端な例だが、個性が明確でも一般受けはしないだろう。

ほかにも、市の幹部は「高雄にはよいホテルが足りない。台北には高級ホテルもいっぱいあるから泊まりたくなる。高雄にはホテルなどのインフラ整備が必要だ」と指摘をした。台北には、外資系のシェラトンとかマリオットなどが多数あり、地元資本と競争をしていた。当時の高雄は観光客の流入が少ないからか、地元ホテルの保護のためかはわからないが、外資系のホテルがまったくなかった。しかし有名ラグジュアリーブランドのアジア初進出くらいのレベルでなければ、よいホテルがあるから台北を飛ばして高雄に行くのかと言えば否だろう。

そこで、高雄の財産は何か、周辺も見ながら調べていくと屏東という町があり、とても波がいいと言う。人もそこまで多くないし、庶民的なビーチがあり、台湾の若者には人気の街だ。

高雄は国際空港が近場にあるので、**サーファーを呼び込む**べきだという提言をした。サーファーを呼ぶには高いホテルなどはいらなくて、むしろバンガローみたいに安くてずっと海にいられることがポイント。何より高雄でサーフィンをすればよい波があり、沖縄、ハワイ、オーストラリアに行くよりも安いことが財産なのだ。

そのために**サーファーのインフルエンサーを呼んで、いかにその波がいいかをアピールしてもらう**。さらには**サーフィンの大会を招致する**。彼らは気に入ればリピーターになると提案をした。筆者の提案を受けてかはわからないものの、その後サーファーが多数発信をするようになり、知人の某大手広告代理店のサーファーもよく発信をしている。同じ趣味を持つ仲間がつながるのがSNSであり、趣味に国境はないのだ。

このほかにも「夜景写真」がきれいに撮影できる街としてリタイア組の写真愛好家を呼び込む策、大学生やビジネスマンが中国語を安心して学べる街にしてはどうかという策も提唱した。イングリッシュキャンプならぬ、中国語キャンプを高雄で開催すれば、食事も日本人の味覚に近いし、何よりも安全であること。日本語話者も多いので初心者でも言葉に困ることも少ない。大学生なら数週間単位で、ビジネスマンなら連休の3泊4日で中国語を学べるのだ。

このように提唱をする際には、現状をしっかり調べてヒアリングを行ない、しかし独自の視点を持ちながら発信をする。日本でもどこの国でも、地元の人が考える強みと、外国人が魅力と感じることが一致するとは限らない。呼び込みたい人の目線に立って議論し、発信することが重要だ。また、こうした気付きは身内のみならず、第三者の意見や目を入れることで得られることも少なくない。

9 ユーモラスでウィットに富む「教養」で発信

『課長　島耕作』（モーニングコミックス　講談社）シリーズは、30年以上にわたり愛読している。最初は島耕作の恋愛や社内の人間関係マンガだったのが、出世するにつれてどんどん政治経済マンガに変化していった。つまり、政治経済の事実関係も含めて取材を積み上げたマンガとなっている。ぱらぱら見て笑えるというよりも、読み込むマンガだと感じており、興味が途絶えることがない。

『課長　島耕作』には、名言集のような本も出ている。緻密な取材のうえに、台詞のインパクト、共感性までが高い作品なのだ。いや、**緻密な取材があるからこそ、共感性の高い台詞が出てくるのだろう。**

人生には時に、「忘れられない一言」に出会うことも、逆に気付かないうちに誰かに「忘れられない一言」を発言していることもある。こうした一言をいかに発信できるのかは、ＳＮＳ時代の大事なセンスにもなっている。

筆者の人生にも、数多くの印象に残った言葉がある。就職活動の採用面接で言われた言葉にはたくさんの気付きがあった。ある面接で、取材や報道をしたい熱い気持ちを述べると、「うーん、君はジャーナリストになりたいのかな?」と面接官は聞いてきた。筆者は迷わず「はい。ジャーナリストになりたいです」と答えると、その面接官はニヤリとして「会社はね、ジャーナリストはいらないんだよ。会社員がほしいんだ」と答えた。

結果はもちろん×だったが、今でもあの瞬間が忘れられない。会社に入るという視野が必要だという示唆であり、貴重な助言だった。

それ以降、やりたい仕事や関心事をどうその会社の中で形にしていくのかという話にすることで次々と通過できるようになっていった。別の会社では最終面接で突然、「事実か小説、どちらが面白いか」という禅問答を仕掛けられた。質問にうまく答えられず、この会社は×だったが、要するに答えも正解もない質問では、相手の意見を受け入れ聞く姿勢も必要だったという学びがあった。突如として頭を撃ち抜かれるような言葉は、人生に大きな影響を与えているのだ。

年齢を重ねることで筆者も教える仕事が増え、少なからず誰かの人生に影響を与える言葉を投げかける立場になった。ある時、「先生が思う哲学とは何ですか?」と、難しい質問をしてくれる学生がいた。かなり言葉に困ったが、「人間の一生というのが哲学そのものだ」と定義している話をした。

人というのは、赤ん坊で生まれ、最後も赤ん坊に返って死んでいくと筆者は考えている。それはなぜかといえば、赤ん坊は言葉をしゃべれない。最初は泣くことで何かを懸命に訴える。他人から見ればうるさい泣き声でも、何を訴えているのか愛を持ち接している親にはわかる。ここからは未踏のゾーンだが、言葉にならない言葉を発する認知症の老人も同じなのではないかと考えている。産まれてから最後の段階に至るまで、人は愛情の中で喜怒哀楽を日々繰り返して学んでいる。これが哲学だろう。

どうしてこんなことを感じるようになったのか。懸命にその日を生きている10代の時には哲学を語っている余裕も悟りもなかった。しかし一瞬、美を感じたのが、インド旅行から戻ってきた20歳直前の春だった。それまで桜を見ても何も感じなかったが、**南国灼熱の原色の国から戻り、淡いピンクの桜を見た時に、初めて美しさを感じたのだ。**ほかの国を見て、少し成長したに違いなかった。今では桜の季節になると、この一瞬で人をこれだけ盛り上げられる、春の到来を感じさせる使命を担った樹木に、いとおしい生命を感じるようになった。

若い時は宗教絵画が苦手だった。天使の意味もわからなかったし、キリストがなぜ釘を刺されているのかもわからなかった。しかし2014年の3月のこと。ルーヴル美術館で、あるスポンサーのオリジナルCMの撮影を行なう仕事を担当した。ルーヴル美術館の撮影条件はきわめて厳しく、週1回の休館日を世界中の放送局や広告代理店が取り合うのだ。撮影をする際に部屋からは1歩も出られずに、警備員に見張られている。世界の宝が集まっている美術館だけに、トイレに行く時も

ルーヴル美術館にて。現地の撮影クルーと（2014 年）

警備員がついてくる。

その部屋での撮影の合間、ひたすら展示してある絵画を観ていて気がついた。宗教画とは、要するに人が受胎して産まれて亡くなって天に戻るまでの一生を描いているのだ。その折々の喜びと苦しみには神が寄り添っている。キリスト教とは、そしておそらく多くの宗教は、**人々の人生に寄り添うもの**なのだろうと。信仰というものは何かを盲信するのではなく、人生への気付きだったり、寄り添いだったりするのだろう。聖書という世界観を、絵画で人々に伝えたものなのだろうと考えた。

絵画のように、時間をかけて見つめていく深い世界観はまだSNSにはないように思うが、SNSの世界も日進月歩である。**こういう、人生を考える描写やコンテンツも育っていくのだろう。**何が言いたいのかといえば、絵画という表現力、それは人生という教養が詰まったものだから時を超えて人々に愛されているのだ。コンテンツ、表現力とはこうした裏打ちがあれば人を多く深く感動させることができる。

そして、人生とは苦しいことも悲しいこともたくさんあるからこそ、**「どれだけ許せるのか」**ということだという自分なりの覚醒におよんだ。「許せない」という感情は誰でもあるだろう、怒る感情は赤ちゃんにもある。でも許すことを知るのは学びによる理解、そして人を愛することで可能になる。だから自分の子どもを許せる。隣人愛ということであれば多くの人々を許せる。しかし許しは大人でも難しいことであるし、小説のテーマとしても多いものだ。この経験以来、絵画を見ることが大好きになった。ＳＮＳやネットの世界にもこのようなコンテンツの重みが加わる時代がくるのだろう。デジタルネイティブ世代の力量に期待したい。

10

語学がツールであるように、SNSもツール

英語が流ちょうに話せるビジネスマンが、よい商談をできるのだろうか。英語が流ちょうに話せる学生が、優秀な論文を書けるのだろうか。いずれ言語の壁、通訳や翻訳はAIに取って代わられるだろうが、よい商談をするには、相手の懐に飛び込み交渉し、提案の核心を突くプレゼンができるのかが重要なのだ。あくまでも言語はツールでしかない。こんな指摘をされてもう久しい。

しかし、接待ゴルフをしながら翻訳機で会話をしても盛り上がらないだろうとも思う。やはりツールである言語も、使えるに越したことはない。実はSNSも同様だと考えている。使えるに越したことはないけれど、使えるだけではよき発信者とはなれない。世界に向けて効果的な発信を行なうにはどうしたらよいのか、筆者の経験則から考えを深めていきたい。

SNS時代の最大のメリットは、簡単に国境を越えて連携ができること。筆者にはいろいろな年代の友達がいるが、**「老壮青の会」**と命名したグループがある。

老人の老、この方は3章でご紹介をした紹興をともに訪ねた商社の元役員で、中国貿易の第一人者でありスペシャリストだ。壮年、これは筆者のことで、平たく言えば中年。青の青年は、今やア

ラサーとなった政府系金融機関に勤務する若者。「老壮青の会」は、この三人で構成される会だ。時折リアルで飲むこともあるが、元役員の毎月のメルマガを契機にして、ネット上で近況を伝えていることが多い。

老の博識を学び、壮の仕事を学び、青の情熱を学ぶ。そして老壮は青がうらやましくもある。コロナ禍になる前に飲みに行った際には、飲食店の人は不思議な顔をして、「親子ではないし、顔も似ていないし、何だろう」という感じで見てくる集まりだった。

この三人がどこでつながったかと言うと、中国の北京だった。当時、元役員は北京に駐在をされていて、筆者が研究調査で訪問した際に、「実は将来有望な留学生がいるので、大野さんを紹介したい」と言われ、「ではぜひ」という流れだった。

青年の彼は、日中関係が非常に厳しい時に「日中フリーハグ」という活動を中国で実施していた。日本人と中国人で殴り合うのではなく、「ハグをしてください」というプラカードをかけて抱き合うという活動だ。「日中関係がこんな危ない時に怖くなかったのか」と聞くと、「怖かったが、素手の学生だから殴られるとは思わなかった。中国の学生と一緒に並ぶことで乗り越えられると思った」と言っていた。

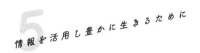

彼は留学を終えて日本の大学に戻り、商社役員も駐在を終えて日本に戻ってくる。それで東京でも一緒に飲むようになり、その若者の就活にも老壮の二人が相談に乗ったりした。

最初からの気脈を通じた関係があり、ツールとしてのネットがあるから忙しい中で世代を超えて続いたのだと思う。

コロナが欧州に飛び火し猛威を振るった2020年。特に死者が増え続けるひどい状況で、都市封鎖もされていたイタリアに、商社役員の経営者の友人がいるという。イタリアに手紙を出したけど全然届かないから、郵便が多分機能しておらず、音信不通で心配だという。それで筆者が「何かSNSではつながっていないのか」と聞いたら、フェイスブックでつながっているという。

「じゃあMessengerを送れば届きますよ」ということを若者と筆者で伝えた。「Messengerってどうやって使うの?」ということになり、Messengerの使い方を教える。そうしたら数日後、「イタリアから返事が届いた!」という歓喜の連絡が来た。コロナ禍でも確かにつながっていた。そして無事を確認できた、郵便はロックダウンによって機能しなくなっていたが、心配した気持ちはMessengerで届いた。

世代を超えた連携、さらには国境を超えた想いに、コロナ禍という世界の人が不安に思って暗くなっていた中で、一抹の光となり感動した。

このイタリアの経営者、筆者は面識はないが、友達の友達ということでMessengerを見せてもらい、メッセージを送ろうと思い立った。つまり共感したら、即座にメッセージを伝えられるし、面識のない人たちともつながれる。リアルではなかなかつながれないし、東京の街でイタリア人っぽい人を見つけて、「あなたはイタリア人ですが?　母国は大丈夫ですか?」と尋ねたら不審者になってしまう。

しかし、ＳＮＳで共通の知人が心配メッセージを送ると、ありがたい気持ちになる。**ＳＮＳとは人の保証機能も果たしているのだ。**もちろんフェイクにだけは注意が必要ではあるが。

この時に送ったメッセージ、英語で〝激励する〟気持ちをどう表現をしようか悩んだ。安易すぎる言葉では安っぽい、深刻すぎることも相手の細かい状況もわからないのに言えない。悩んだ結果、「夜明けが来ない夜はない」というこの言葉がぴったりだと思った。

英訳をそのままにしてもニュアンスが伝わるのかもわからなかったが、「There is no night that does not come in the morning」という英訳をした。

すると、イタリアから返事が届いた。「イタリアは第二次世界大戦以来のひどい状況だと思っている。医療従事者に非常に感謝している。大野さんがこう言ってくれたことを信じて、確信してやっていきたい」という、少しは勇気を与えられたのかなというメッセージにとてもうれしかった。

楽天的なイタリア人がこんなメッセージを書いてくるのだということが衝撃的だった。この件を見ても、**メッセージを伝えるということは語学力でもなく、ＳＮＳのツールでもなく、やはり人の心であり、人の立場、状況を思いやるということだと感じた。**

人と人の心に立ち返っての使い方を考えることが、さらに有益なツールとしてＳＮＳを使いこなすことにつながる。

11

自己肯定感とSNS

高校時代のことに遡るが、筆者は突拍子もない、でも正義感に溢れた青年だった。まっすぐに理想を突き詰めようとする、そして少しでも大きな世界、大人の世界へ早く飛び込みたい、そんな気持ちで溢れていた。

こんな高校時代、廊下を歩いていて目に飛び込んで来たのは、ボランティアサークルの女子たちが制作したポスターだった。当時はポスターというのが重要な広報手段だったのだ。そこには「アフリカの恵まれない子どもたちに、読まなくなった家に眠っている絵本を送ろう」ということが書かれていた。

「すごい立派な活動じゃないか、なぜそれをみんなにもっと伝えないのだろうか」という熱い気持ちが沸々とわき上がってきた。即座に同じ学年の教室のホームルームに次々と飛び込んでは演説をした。「みんな絶対に家に読まない絵本があるだろうから持ってきて！」と。ほかのクラスの担任は、根回しゼロな行動に驚いたことだろう。

会社ではこんな根回しゼロなことをする勇気はまったくない。しかしあの当時の情熱、それは無敵だった。そしてサークル史上最も絵本がたくさん集まり、回収箱から溢れて、そのサークルを支える真面目な女子たちはびっくりしていた。顧問の先生は涙を流して喜んでいたのを記憶している。

さらに驚いたのは、その顧問の先生の古文の授業では居眠り常連だったのに、通知表が五段階評価の5になったことだ。古文の心を超越している生徒だとお認めいただいたのだろう、とありがたく解釈した。

しかし、今だったらこうした熱い情熱をＳＮＳで発信して、さらに校外や世界に訴えることが可能だったと思う。当時のアジテーションよりも大きな波を今なら起こせるのだ。いや、アジテーションの情熱が乗れば、ＳＮＳというツールをより効果的に使えるということなのだろう。

ＳＮＳで主張をして、その内容に魅力を感じる人たちが行動をする。これは時に、アジテーションのうまいカリスマ的なリーダーにひかれる若者がいる危うさも示している。

１９７２年２月に起きた「あさま山荘事件」を首謀した連合赤軍にもカリスマ的なリーダーがいて、煽動されリンチに加わってしまった若者がいた。１９９５年３月にオウム真理教という宗教団体が起こした地下鉄サリン事件には、教祖に洗脳された多くの若者が加担した。この宗教団体にはたくさんの優秀な学生がスカウトされて入信をしていた。教祖はいわゆる高偏差値大学の学生や、有名企業の社員が好きだったようだ。入信直前までいき家族に救われたというある大手金融企業の幹部社員に話を聞いたことがあるが、「教祖はカリスマに見えた。仕事に悩んでいた私には救いの道のように見えた」と言う。金融というリアルな仕事の最前線で指揮を担っていた、その人まで入信しようとしていたということが衝撃だった。

こうした独裁的なリーダーを魅力的に感じ、盲信しようとした人たちを見て共通していたのは、「自己肯定感」が低いことだった。自分はダメだ、自分はダメだ、そう思い続けていると何か強く見える存在がきた時に、「ああ、この人についていけば救われる」と思ってしまう。苦しい思考を放棄しようとしているのだろう。「自己肯定感」が低いと自分の旗を立てることができず、誰かの陰謀だとか、絶対的なリーダーとかの旗に頼ろうとするのだ。

SNSで健全な自らの旗を立てて、自己肯定感を満たしていくのは大事なことだ。詐欺、マルチ商法、新興宗教、こうした罠に巻き込まれたりしないようにするためにも、SNSという人格もしっかり持つことが求められている。

しかし、自己肯定感を育むのは簡単ではない。筆者も育児で怒ってばかりいるのでは……、と心配になり、当時5歳の息子に尋ねた。「自分のよいところを言ってみなさい」。急に言われても息子も言える訳がない。そうするとまた腹が立って、「やばい、自己肯定感が低いのではないか」と思ってしまう。親というのは勝手なものだ。

うちの息子も「縄跳び」で自己肯定感を高めた経験をした。縄跳びは最初飛べるようになるまでが難しくて、なかなかつらい練習が続く。それで縄を前後ろにうまく回すことだけから練習をはじめ、次にリズムを取り跳ぶ練習をする。そして手と足を複合してツーステップでまず1回飛べるようになっていくのが、20回ぐらいできるようになっていく。そうするとツーステップではもう飛べるので、次はワンステップでどんどん連続で飛べるようになり、20回くらいは飛べるようになる。そのうちどんどん張りきってたくさんの人に見てもらおうと必死にやったりする。逆上がりも同様だった。

「自分は頑張ったらできるのだ」「みんなに『すごい』と言われたいんだ」という自己肯定感。たった5歳の子どもでも顕著で、それは高校生でも、大学生でも、社会人でも変わらない。いや、50歳が見えてきた筆者もきっと変わらない。だから自己肯定感を持つために何かを頑張るということが生涯にわたって人間には大事なことだ。

自己肯定感が高ければ素晴らしい発信ができ、周囲から尊敬されて、巻き込んでいくことができる。自己肯定感が低いと、薄っぺらい陰謀論や詐欺師にだまされてしまう。小さな幸せを発信していくこと。そして小さな夢を発信していくこと。小さな小さな発信はやがて大きな渦になり、人々を巻き込んでいくだろう。情報化社会の中だからこそ、自分の視点や軸を大事にして夢を大きく持ち、若い人たちが世界を変えていってほしい、こんなことを感じながら本書を書いていた。

おわりに

思えばまもなく50歳を迎えようとしている。振り返ればあっという間だったというのには無理がある年齢になった。予想もつかないこと、想定外のことばかりだった。しかし想定外のことがあるから、必死に調べて学び、また新たな成長があった。

いつも思い悩む時、人生で「まさか」の「坂」と出会った時にはどうすれば乗り越えられるのか真剣に考える中で、多くの人類の先輩たちの歴史から学ぶことは多く、メディアやSNSを通じて入るたくさんの有益な世界中の情報はもちろん人生の大きな財産となっている。

つまりは人生の知識や経験という情報を得ることで乗り越えてきたのだが、やはり親しい関係にある方々からの助言ほど役に立つものはなかったと思う。つまりネット空間ではなく、リアルというのはとても大切な財産であるということだ。

筆者は報道の中でも経済部の経験が長く、グローバル化が進む2000年以降の社会を見つめてきた。世界はどんどん小さくなっている。世界的な大企業の製品が次々と市場を圧倒していく。便利な反面、厳しい勝負をしていかなければならない時代であり、世界の激変に対して、日本は構造的な大変革を遂げることが苦手で、もがき苦しんで来た時代でもあった。

しかし同時に、日本がグローバル社会の中で、どのようにオンリーワンの輝きを見せればいいのか、若い人たちを中心に見出しつつあるように感じている。日本の、派手ではないが世界を支える職人技術の数々、独自の伝統文化、そして世界中の技を融合しながら変革を遂げて親しまれている和食、日本酒。サービスの分野でも、顧客本位で、温かい「おもてなし」の心。高い付加価値を持ちながら、当然としてきた謙譲の文化がある。荒波に揉まれながら今の若い人たちが、この素晴らしさに気付き、さらに変革を加えながら世界で勝負してほしいと願っている。

そのためのツールが語学でありＳＮＳである。ツールを使いこなせば、これほど強い武器となるものはない。そのためには情報というある意味アナログなものを読み解き、多くのメディア、本、芸術から刺激を受けコミュニケーションをする力を伸ばしていくことが必要になる。豊かな経験と豊かな教養は、非認知能力という言葉がブームとなっているように、重要だと思う。

今、奄美大島で本書の締めくくりを書いている。観光化が大きく進んだ沖縄と異なり、実に素朴な島だ。しかし素朴ゆえに、海は限りなく青い「奄美ブルー」と呼ばれている。人がいない砂浜で、ひたすらのんびりと海を見ながら原稿を書く幸せ。道路には土産物店も少なく、地元民向けの商店が大半だった。スコールに見舞われながらレンタカーを停めて、出先での恒例となった息子へのハガキを書く。そうなのだ、筆者がなぜ筆を執るのか。それは息子、そして若い世代が日本を盛り立ててほしいと思うからなのだ。変化への志がありつつも、しかし時に多くの誘惑もあり、挫折

奄美ブルーを臨みつつ、本書の筆を置く

を乗り越えてなお力強く歩みを進める若い人たちへの応援をしたいと願う気持ちでいっぱいである。しかし同時に筆者も20歳の時の自分が今の自分を見ても恥かしいと思わないか。青臭くもあるが、時に厳しく自問しつつ、心の若さを持ち、微力ながらまだまだ若い人に負けずに社会に貢献したい。

本書のベースとなった仕事をさせていただいた日本テレビ放送網株式会社のお一人お一人に、そして早稲田塾での講義を活用することを許可いただいた早稲田塾の皆様に感謝をお伝えしたい。また、想い先行の拙い執筆に向き合ってくださった同文舘出版の編集者津川雅代さんに厚く御礼を申し上げる。

大野　伸

参考文献

『操られる民主主義　デジタル・テクノロジーはいかにして社会を破壊するか』（ジェイミー・バートレット著／秋山 勝翻訳　草思社文庫）
『デジタルポピュリズム　操作される世論と民主主義』（福田直子著　集英社新書）
『情報政治学講義』（高瀬淳一著　新評論）
『華僑研究』（「華人経済圏を巡る日・韓コンテンツビジネス競争とその展望」大野伸著　拓殖大学）
『青山スタンダード論集第７号』（「『ポスト震災世代』が生きるための情報リテラシー教育」大野 伸著　青山スタンダード教育機構）
『民主主義という不思議な仕組み』（佐々木 毅著　ちくまプリマ―新書）
『政治を変える情報戦略』（水上慎士著　日本経済新聞出版社）
『フォーリン・アフェアーズ・リポート』（2021No.12、2022 No.3、2022 No.9）（フォーリン・アフェアーズ・ジャパン）
『東亜 2022 年４月号』（一般財団法人霞山会）
『国際問題 2017 年 No.663』（「トランプ政権と米中関係　中国はトランプ政権の誕生をどう受け止めたか」中居良文著　公益財団法人日本国際問題研究所）
『文春砲　スクープはいかにして生まれるのか？』（週刊文春編集部著　角川新書）
『政策形成の過程　民主主義と公共性』（チャールズ・E・リンドブロム、エドワード・J・ウッドハウス著／薮野祐三、案浦明子翻訳　東京大学出版会）

著者略歴

大野　伸（おおの　しん）

日本テレビ放送網株式会社　「news every.」前統括プロデューサー
早稲田大学パブリックサービス研究所研究員、早稲田塾講師、日本メディア学会会員、
sweet heart project（障がい者自立支援プロジェクト）アドバイザー

1996年に日本テレビ放送網入社。報道局に配属。社会部にて警視庁記者などを担当した後、2003年より経済部にて経済産業省、日本郵政公社、財務省、内閣府などを取材。三菱自動車やダイエーの経営再建取材など民間企業の取材も多数。2008年から経済部デスク兼ニュース解説者として「news every.」「スッキリ」「NEWS ZERO」などでスタジオ解説、ラジオ日本の朝の番組「岩瀬恵子のスマートNEWS」での解説など。2013年に営業局へ異動し、ルーブル美術館やリオ五輪でのCM撮影を行なう。

「第68回広告電通賞優秀賞」を受賞（チーム受賞）。

2016年より報道局にて「Oha!4 NEWS LIVE」プロデューサー、2018年12月から2022年5月まで「news every.」統括プロデューサーを務める。

元青山学院大学兼職講師（2011年～2015年）。大学、財団法人、公共団体、経営者勉強会、広報勉強会、海外など含めて多数の講演歴や学術誌やWEBメディアでの執筆活動も行なう。

早稲田大学大学院政治経済学術院公共経営研究科修了（公共経営修士）

※本書の情報は2022年11月時点のものです

メディアを賢く消費する「情報リテラシー」
情報洪水時代の歩き方

2023年1月2日　初版発行

著　者 ―― 大野　伸
発行者 ―― 中島豊彦

発行所 ―― 同文舘出版株式会社
東京都千代田区神田神保町1-41　〒101-0051
電話　営業03（3294）1801　編集03（3294）1802
振替00100-8-42935
http://www.dobunkan.co.jp/

©S.Ono
ISBN978-4-495-54131-6
印刷／製本：萩原印刷
Printed in Japan 2023

JCOPY ＜出版者著作権管理機構 委託出版物＞

本書の無断複製は著作権法上での例外を除き禁じられています。複製される場合は、そのつど事前に、出版者著作権管理機構（電話03-5244-5088、FAX 03-5244-5089、e-mail: info@jcopy.or.jp）の許諾を得てください。